申し込みの絶えない施設経営者だから知っている

利用者が元気になるデイサービス

株式会社CLOVER代表取締役
香丸俊幸

合同フォレスト

はじめに

「キャンセル待ちのデイサービス」では何をやっているのか？

私は介護施設を開業して10年。現在、デイサービスの施設を都内に9カ所、千葉県内に1カ所、運営しています。

本書を手にとっていただいた皆さんは、実は日本で今いちばん成長している産業がデイサービスだということをご存知でしょうか。

その施設数はなんと、4万3000以上になります（平成30年厚生労働省調べ）。これは、セブン-イレブン、ローソン、ファミリーマートの全店舗数に迫る数字です。つまり、いたるところでデイサービスの施設を見かける日常が当たり前になっているのです。

2007年から日本は超高齢社会に突入しました。65歳以上の人口が、全人口に対して7％を超えると「高齢化社会」、14％を超えると「高齢社会」、21％を超えると「超高齢社会」と呼ばれます。

日本ではこれから高齢化が進み、65歳以上の人口は２０４２年におよそ３８７８万人でピークを迎えると予想されています。高齢者人口の増加は要介護者数の増加につながり、今後、デイサービスは日本中のコンビニの数を超え、コンビニ業界以上に成長していくことは間違いありません。

実際に、私が運営している各地のデイサービスにはご利用を待っていただいている事業所もあり、まさに「キャンセル待ちのデイサービス」なのですが、お問い合わせをいただくご家族から、「どうしてこんなに人気があるのですか？」と聞かれます。

その理由は、次の３つです。

①利用者をほったらかしにする
②利用者とスタッフのふれあいがある
③利用料金が安い

単純な言葉ですが、それぞれに介護に関する大切な意味が含まれています。これらを順番に説明していきましょう。

「ほったらかし」には2つの意味がある

1つ目の「ほったらかし」の意味ですが、これには悪い例と良い例があります。最初に申し添えますが、私たちの施設では、介護を受ける方を「ゲスト」、介護を担当するスタッフを「キャスト」と呼んでいます。通常、業界や行政では施設利用者を要介護者、スタッフを介護職員などといいますが、私たちは介護は最強のサービスと捉え、すべての利用者が招かれたお客様（VIP）である意味を込めて「ゲスト」と呼び、ゲストの幸せを自分の喜びにできる人（利他）の思いを込め、仕事を舞台と捉えて最高の自分を演じるという意味で「キャスト」という名称にしています。

さて、悪い例の「ほったらかし」の事例です。

●廊下に荷物や備品が置きっぱなし
●部屋の中に排せつ物の臭いがこもっていても換気しない
●食べかすや紙くずがそのまま

●会話を途中で遮り、利用者の気持ちをほったらかしにする
●利用者が呼んでいても無視して通り過ぎる
●ベッドからずり落ちそうな利用者がいてもスタッフが雑談している

このような事例を見かける施設は実はたくさんあります。ひどい施設になると、緊急呼び出しのナースコールが頻繁に鳴ると対応ができないという理由で、呼び出しボタンを取り外してしまった施設さえあります。

施設の利用者は体が痛くても、具合が悪くても、ほったらかしにされてしまうのです。

これに対して、当社施設の「ほったらかし」は、**ゲストが自分で何でもできるようになる**ための「ほったらかし」です。

たとえば、左腕が麻痺したおばあちゃんが料理をするときも、キャストは一切手伝いません。ここでキャストが行うケアは、一人でできる環境づくりです。

どんなに時間がかかろうとも、おばあちゃんが自分の力で料理を作るまで見守っているのです。

この**「待つ」**というのがどれだけ難しいことか、子育てやケアを経験された方であれば、ご理解いただけると思います。相手に時間をプレゼントできるのかどうかが大切であり、寄り添い、相手の思いを汲みとるために必要なことなのです。

また、下膳していただいた後にゲストにお皿を洗ってもらったり、お皿を拭いてもらいます。ゲストに掃除機をかけてもらうこともあります。

こういった家事の日常は**「生活リハビリ」**と呼ばれるもので、トイレや着替え、洗顔、歯磨き、入浴、食事などの日常生活の動作自体をリハビリとして捉え、生活の自立・再建を支援するという考え方です。生活のさまざまな場面において適切な介助を行うことにより、身体機能や生活機能の維持・回復を図ります。

加えて、お皿を洗うことも拭くことも、掃除機をかけることも、人に喜ばれる役割を担うことになり、そこで生まれるやりがいは、ゲストがやりたいこととできることのギャップを埋めることにもつながるのです。

ゲストとキャストの「ふれあい」が感動を生む

私が運営する施設ではたくさんの「ふれあい」があります。ゲストとキャストのふれあいはもとより、施設がある周辺の町内会や子供会、地域の方々とのふれあいです。

都内の施設では、ゲストと新宿御苑でお花見をすることもありますし、近くにある公園までお散歩をすることは日常的に行っています。


また、キャストが自分の子どもを連れてくると、おじいちゃん、おばあちゃんは本当にかわいがってくれます。

子どもが来ると、わが孫のように抱っこしたり、手をつないだり、ボール遊びに興じます。

短期記憶（保持期間が数十秒から1分程度の記憶）障害で、1時間に5回、10回と同じことを聞きにくるおばあちゃんが、「今日はあの子は来ないの?」と聞いてくるようになり、明らかに認知症が改善した例もあります。

そして、ゲストとキャストのプライベートな「ふれあい」もあります。

プロのボクサーでもあるキャストがボクシングの試合に臨んだとき、たくさんのおじいちゃん、おばあちゃんが色紙に寄せ書きをしてくれました。

「がんばれ」とか「絶対勝ってね」などと書かれた色紙に勇気づけられて、キャストはボクシングの試合に臨んだのですが、結果は残念ながら判定負け。

落ち込むキャストに対し、おじいちゃん、おばあちゃんたちは、「よくがんばったわね。そんなこともあるさ」と、声をかけてくれたのです。

負けたことを恥ずかしく思っていたキャストは、人生の大先輩の優しい言葉に涙しました。

延長料金が1時間250円

毎日通うデイサービスに払うお金は、ご家族にとって経済的にはかなりの負担です。

ご家族が求めているのは、安かろう悪かろうではなく、価格に見合うサービスの価値です。

「塵も積もれば山となる」のことわざどおり、週ごと、月ごと、年ごとの費用はバカにならないのです。

当社施設のサービス提供時間は9時30分から17時40分までです。それ以降の延長料金は1時間250円。1泊しても1890円です（事業所によって宿泊代は異なります）。

時間延長のご提供は、ご自宅へお送りする時刻を調整でき、今までの生活リズムをできるだけ変えたくないご家族の方々に喜ばれており、「こんなデイサービスがあって、本当に助かっています」というお礼の言葉をよくいただきます。

また、当施設でお出しする夕食は、普段ケアをしているキャスト自身が担当しており、ゲストの食の好みを熟知したうえで調理しているので、たいへん喜ばれています。

しかも、料金は都心の一等地にある施設であっても７００円。夕食が食べたくて延長を希望されるゲストがいるくらいです。

「人生100年時代」に困らないために！

ここでご紹介した３つの方針や設定は、当社が提供する各サービスを構成する要素のほんの一部です。

私と同じように、少しでもゲストのためを思って赤字覚悟で施設を運営している経営者はたくさんいます。

そんな経営者たちの願いは、ゲストの自立と社会参加です。

もちろん、私もその思いは同じですが、それ以外に大切にしているのが、**人と人との心のつながり**なのです。

それさえ心がけていれば、ゲストも、キャストも、そしてご家族も、幸せになれると思うのです。

人生100年時代になりました。

2045年ごろに日本人の平均寿命は100歳になるという予測があります。

この本を読んでいるあなたを含め、すべての人が老い、いずれはケアの助けが必要になることでしょう。だから私たちは、自分が通いたいと思えるデイサービスづくりに挑戦しているのです。

そしてもうすぐ、「病院では死ねない時代」がやってきます。

2025年、日本人の入院患者数は150万人以上になると予測され、それに対して用意されているベッド数は約130万床と、圧倒的に足りない時代がやってくるのです。

今のあなたの父親や母親、そしてあなた自身も必ず介護施設のお世話になるという誰の身にも起こり得る現実のもとに、あなた自身が通って満足できる「キャンセル待ちのデイサービス」がどこにあるのか、そして、そこではどのようなサービスが提供されているのかを、今から知っておいてください。
本書がその指南の役目を担えれば幸いです。

株式会社ＣＬＯＶＥＲ代表取締役／CLOVERGROUP　CEO
香丸俊幸

目　次

はじめに

第1章

第2章 デイサービスの概要

利用方法や提供するサービスなどについての基礎知識

第3章

介護施設に入ったら具合が悪くなった⁉
高齢者を「ちゃん」付けで呼ぶ施設
気をつけたい施設事例

第4章

良いデイサービスはキャストで決まる！
デイサービスの目的は、自立支援・社会参加・家族の負担軽減

第7章 認知症や脳梗塞、歩行困難に変化が見られた！ 目的を持てば、自立した生活を取り戻せる

第8章

良いデイサービスのキャストは仕事に誇りを持っている

高齢者は存在するだけで世の中の役に立っている

第9章 大切な人を預ける前にチェックしておきたいこと
デイサービス選びで失敗しないためのチェックポイント

第10章 ケアの新3Kは「感謝」「感動」「感激」だった!

ケアの現場から届いた6つのエピソード

第1章

1億総介護時代の到来

もはやケアは他人事ではない

1 誰でもケアのお世話になる日が必ずやってくる!

内閣府の『令和2年版高齢社会白書』によると、日本の総人口に占める65歳以上の高齢者の割合（高齢化率）は28・4%となり、日本は4人に1人が高齢者という、世界に類を見ない超高齢社会に突入しました。

これに伴い、近年、介護（以下、ケア）ニーズも急増しています。

実際、要介護および要支援の認定者数は、平成29年度末時点で628・2万人となり、17年前に比べると約2・9倍増えているのです。

ちなみに、628・2万人という数字は、65歳以上の高齢者（3589万人）の約18%に相当する数になります。

このような状況の中で、近年「1億総介護時代」という言葉も登場するようになりました。これは**「誰にとってもケアが他人事ではなくなる時代がやってくる」**という意味で、もはやケアは私たち全員が必ず利用するものになるということなのです。

とはいうものの、現実には、両親や家族が元気なうちはケアのことに関心を持っていない人がほとんどだと思います。遺産相続と同様に、まだ起きてもいないことに対して早くから準備をしておこうという人は少ないからです。

もしかすると、あなたもそのような一人ではありませんか？

そういう方に対して、私が声を大にして言いたいのは、早いうちからケアに関する正しい知識や情報を持っておいたほうが、のちのち無駄な時間を奪われないですむということです。

「明日はわが身」かもしれませんので、いざというときに慌てないためにも、そして周りの人たちの意見に耳を傾けて決めたことによって後悔しないためにも、今からケアを受け入れる準備をしておきましょう。

advice & focus

① 誰にとってもケアが他人事ではなくなる時代がやってくる

② ケアに関する正しい知識や情報は早いうちから持っておいたほうがいい

2 早くから準備しておいたほうがいい2つの理由とは？

私が早いうちからケアに関する正しい知識や情報を持っておいたほうがいいという理由は2つあります。

1つ目は、**ケアというのは突然やってくる**からです。

ケアと比較されるものに育児がありますが、育児の場合は、妊娠から出産までの間に数カ月以上の期間があるため、その間に勉強をしたり準備をしたりすることができます。

しかし、ケアの場合はそうはいきません。

昨日まで元気だった親が突然、ケガや病気で倒れてケアが必要な状態になるというケースがほとんどなのです。そして、親への虐待やネグレクトが起きるのは、このような急なライフスタイルの変化によってもたらされるケースが多いのです。

また、育児の場合は周囲に経験者がたくさんいるので、相談することもできますが、ケアの場合は身近に経験者がいないことが多く、相談しにくいというケースも少なくありません。

ですから、いざというときに慌てないためにも、早めに情報収集をしておくことが重要なのです。

2つ目は、ひと口にケアサービスといってもさまざまな種類があるため、非常にわかりにくいからです。

特に介護施設の種類は豊富で、事前に情報収集をしておかないと、いざというときにどの施設がいいのか迷ってしまうことになります。

また、一般的に老人ホームと呼ばれる滞在型の施設だけでなく、自宅から通える通所型のサービス（いわゆるデイサービス）や、自宅に来てくれる訪問型のサービスもあります。

さらに、介護度*1によって入所できる施設や利用できるサービスも違ってくるため、予備知識がなければ戸惑うことが多いのです。

もちろん、区や市の職員やケアマネージャーと呼ばれる有資格者に聞けば、詳しく教えてもらえると思います。

しかし、予備知識があるのとないのとでは、利用したいケアサービスの選び方や見るべきポイントが変わってきますので、ぜひ予備知識を身につけておきましょう。

老人ホームに入所してみたけれど、スタッフや提供されるサービスのプログラムが合わなかったために別の施設に移ったという人が実際にたくさんいます。

当社のゲストの中にも、高級な有料老人ホームに入所されたけれど、スタッフが合わなかったので、そこを退所して当社の施設に移ってこられた方が何人もいます。

老人ホームにしろ、デイサービスにしろ、実際に入所あるいは利用してみないとわからない面があります。しかし、ある程度の予備知識があれば、少なくとも合わなさそうな施設は最初から避けることができますので、そういう意味でも事前の準備が重要なのです。

advice & focus

③ケアは突然やってくる

④ケアサービスにはさまざまな種類があり、いざというときに迷う

＊1 **介護度**——要介護状態等区分ともいい、要支援認定、要介護認定で判定されるケアの必要性の程度を表します。要支援認定は2つ、要介護認定は5つの段階で区分けされます。

Information 1

「介護度」の判定について

介護サービスを受けるにあたり、申請して介護度（要介護または要支援）の認定を受けることが必要になります。申請から認定されるまでの期間は約1カ月です。

市区町村の窓口で申請した場合、市区町村の職員や委託されたケアマネージャーが自宅に訪問して聞き取り調査を行います。調査内容は全国共通です。

訪問調査の結果とかかりつけ医の意見書をもとに、コンピューターを使った一次判定が行われます。その後、医療や福祉の専門家の二次判定を経て、介護度が決まります。

注意点としては、普段は認知症の症状が出ているのにもかかわらず、訪問調査の際には認知症を感じさせず、聞き取り調査の質問に対してしっかり受け答えするケースです。この場合は本来の介護度よりも低く判定されてしまい、利用できる日数が減ってしまいます。このため、普段の様子を的確に伝えることが大切です。

また、住んでいる地域によって介護度が変わる場合があります。ある市区町村では介護度3でも、同じ症状で他の市区町村では介護度1に認定されるケースがあります。

これは財源の影響が大きく、より多くの税収を得ている市区町村のほうが適正な介護度の判定になる傾向があります。そのような事情もあり、当社では、世帯年収の平均が全国でベスト10に入るエリアに施設を構えています。

3 在宅でケアするか、老人ホームに入所させるか？

ここで、ケアサービスの種類について簡単に説明しておきたいと思います。

ケアサービスを大きく分けると、「在宅」のまま利用できる「在宅介護サービス」と、「入所」してサービスを受ける「介護施設」の2種類があり、それぞれ次のような内容になっています。

① 在宅介護サービス

(1) 在宅介護型

・訪問介護（ホームヘルプ）

・訪問入浴

・訪問看護

・訪問リハビリテーション

・夜間対応型訪問介護

⑵通所介護型

・デイサービス

・デイケア

⑶複合介護型

・小規模多機能型居宅ケア

・複合型サービス

⑷短期入所介護型

・ショートケア

・ショートステイ

②介護施設

⑴サービス付き高齢者向け住宅

⑵グループホーム

⑶複合介護型

⑷軽費老人ホームC型（ケアハウス）

(5) 養護老人ホーム
(6) 介護療養型医療施設
(7) 介護老人保健施設（老健施設）
(8) 特別養護老人ホーム
(9) 有料老人ホーム

そしてこれらの中には、社会福祉法人や自治体が運営している公的施設と、民間事業者が運営している民間施設があります。
また、各施設ごとに目的や受け入れられる介護度などが違っていますので、希望すればどこでも利用できるとは限りません。

advice & focus

⑤ 在宅のまま利用できる「在宅介護サービス」
⑥ 入所してサービスを受ける「介護施設」

4 「第三の人生」は介護施設ですべて決まる

日本人の平均寿命が年々延び続け、そう遠くない将来、「人生100年時代」が到来するといわれています。

これまで、企業などで働いていた人が定年退職した後の人生のことを「第二の人生」と呼んでいましたが、寿命が延びた今、これからは「第三の人生」をどう過ごすかも考えておかなければいけない時代になったといえます。

では、第三の人生とはいつからなのか？

それは要介護もしくは要支援状態になったときからだと、私は考えています。

これまでケアといえば、自宅で家族が行うのが一般的でした。しかし、2000年に介護保険制度*2がスタートして以来、ケアは家族だけで行うものではなく、社会全体で支える仕組みに変わりました。

つまり、老後は老人ホームやデイサービスで過ごすことになるわけです。

そのような時代に、自分の生活スタイルや生き方を諦めざるを得ない施設や居心地の悪い環境で過ごすことは、苦痛以外の何物でもないといえるでしょう。

以前、当社のデイサービスに通ってきてくださっていたゲストの中に、このような方がいました。

その人は80代後半の女性で、一人暮らしをされていたのですが、軽い認知症の症状が出始めたため、お母さんのことを心配した娘さんが民間の有料老人ホームに入れることにしたのです。

そして、その娘さんは1カ月に1回のペースでお母さんに会いに行くようにしました。

すると、面会に行くたびに、お母さんの口数が減り、笑顔も減っていくのがわかりました。「おしゃべり好きで、よく笑う母だったのにおかしい」と、娘さんは感じたそうです。

それから半年後のある日、お母さんを訪ねた娘さんは驚きました。

お母さんの顔からは笑顔が消え、まったく話さなくなり、歩行もおぼつかない状態になっていたのです。

施設の人に話を聞いてみると、お母さんは自分の部屋にこもりがちで、ほとんど誰とも話をしていないようでした。

このままではいけないと思った娘さんは、その有料老人ホームを解約し、再び当社のデイサービスに戻ってこられたのです。

戻られたときは、食欲もなくやせ細っていて寒がりで、つかまり歩きでいつ倒れてもおかしくない状態でした。「何が何だかよくわからない」といつも不安そうな感じでした。できるだけの声かけと笑顔で接したことで、徐々に食欲も増し、1カ月を過ぎるころには顔色も良くなってきました。そして、お迎えに伺ったある日、施設の入り口で「なんか変な感じ」と仰るので、キャストが「嫌な感じですか？　落ち着かないですか？」と尋ねると、「いや、そんなことはない。落ち着くというか安心するというか、あったかい感じ」と仰ったのです。

お母さんは当社が支援するデイサービスと合っていたようで、その後は笑顔も口数も徐々に増え、元気を取り戻しつつあります。

このようなケースは決して珍しいことではありません。

自分の生活スタイルや生き方に合わない介護施設に入所してしまうと、毎日が楽しくないだけでなく、身体に変調を来すことにもなりかねないのです。

第三の人生が楽しく充実したものになるかどうかは、自分に合った介護施設に入れるかどうかで決まると言っても過言ではありません。
そのためにも、情報収集を含めた事前準備が重要なのです。

advice & focus

⑦「第三の人生」は自分に合った介護施設に入れるかどうかで決まる

＊2 **介護保険制度**――介護が必要な人（要支援者・要介護者）に対し、介護費用の一部を給付する制度。介護が必要になった高齢者とその家族を社会全体で支えていく仕組みです。制度の運営主体（保険者）は全国の市区町村になります。

第2章

デイサービスの概要

利用方法や提供するサービスなどについての基礎知識

1 「介護保険法」によるデイサービスの定義

介護保険制度の基となる「介護保険法」によれば、デイサービスの基本方針は、次のような定義になります。

〝指定居宅サービスに該当する通所介護（以下「指定通所介護」という）の事業は、要介護状態となった場合においても、その利用者が可能な限りその居宅において、その有する能力に応じ自立した日常生活を営むことができるよう、必要な日常生活上の世話及び機能訓練を行うことにより、利用者の社会的孤立感の解消及び心身の機能の維持並びに利用者の家族の身体的及び精神的負担の軽減を図るものでなければならない。〟

法令なので、表現が難しくわかりにくいのですが、要するに、利用者（要介護者）の①自立支援、②社会参加、そして③ご家族の負担の軽減がデイサービスの目的ということになります。

デイサービスでは、特に①の自立支援が重要です。デイサービスは利用者が自立した日常生活を送れるように支援することを第一の目的にしています。利用者ができないことを代わりに行うのではなく、利用者ができないことをできるようになっていただくための支援です。ここには、広い意味での社会参加が含まれます。

これら3つの目的につきましては、第3章以降でさらに詳しくお話しします。

2 提供するサービス

デイサービスはサービスを提供する時間が事業所によって異なります。9時～16時、9時～17時、9時半～17時などさまざまですが、大まかに分類すると1日型（9～16時）と半日型（10時～13時または13時～16時など）になります。

デイサービスで提供されるサービスは次のようなものです。

・送迎車による送り迎え

・健康チェック
・昼食のご提供
・排せつ介助
・趣味とレクリエーション
・機能訓練
・入浴介助

基本的には通い（日帰り）で利用するのがデイサービスですが、後述するとおり、宿泊サービスを提供している施設もあります。

また、デイサービスを利用している最中に病院へ行って診察や治療を受けたり、デイサービス終了後に利用者を自宅以外の場所へお送りすることはできません。もしデイサービスの利用中に利用者の体調が悪くなった場合、サービスは終了となり、ご家族が病院へお連れすることになります。

デイサービスの種類につきましては後述、または第3章で詳しく紹介します。

3 どのような人たちが働いている？

読者の皆さんは近年、街中を走るデイサービスの送迎車や介護職員募集の看板などを目にする機会が増えたことを実感していると思います。デイサービスでは次のような専門スタッフが働いています。

・管理者
・生活相談員
・看護師または准看護師
・介護職員（初任者研修や介護福祉士等の資格を持ったスタッフ）
・機能訓練指導員
・送迎ドライバー

このうち、介護サービスにおける主要な仕事を担っているのが介護職員です。介護職員は、昼食の提供や、トイレと入浴の介助、趣味とレクリエーションの実施などを担当しています。小規模デイサービスでは、生活相談員や管理者が介護職員を兼務するケースがほとんどです。

4 どのような方が利用している？

デイサービスは、介護保険が適用できるサービスの一つです。第1章でお話ししたように、デイサービスを利用できるのは、要支援と要介護認定を受けた65歳以上の方になります。具体的には、要支援1、2と要介護1～5を認定された方です。このほか、40歳から64歳までの特定疾患の患者さんも利用可能です。要支援と要介護認定の詳細につきましては、第1章の「Information 1」で記述したとおりです。

5 申し込む場合の手続きの流れ

デイサービスを利用する場合の手続きについてご説明します。

まずは介護認定を受けるために、市区町村役場へ介護保険の申請をします。申請してから約1カ月後に、認定結果が記載された介護保険証が届きます（図1）。

要介護認定の結果が「要支援」の方は地域包括支援センターへ相談してください（地域包括支援センターにつきましては第3章の「Information 3」をご参照ください）。

一方の「要介護」の方は、居宅介護支援事業所へ相談し、どこのデイサービスを利用するかを決めます。

要介護認定を受けたのち、各市町村の窓口や地域包括支援センター、病院内にある地域連携室（地域医療連携のために必要な業務を行う部署）などに相談すると、住んでいる地域を担当する居宅介護支援事業所を紹介してもらえます。

居宅介護支援事業所では、ケアマネージャーに相談して、利用者に合わせた介護サービスのプラン（施設やデイサービス、訪問介護など。どの介護サービスを週にどれくらい受けたらよい

図1　デイサービスを利用するまでの流れ

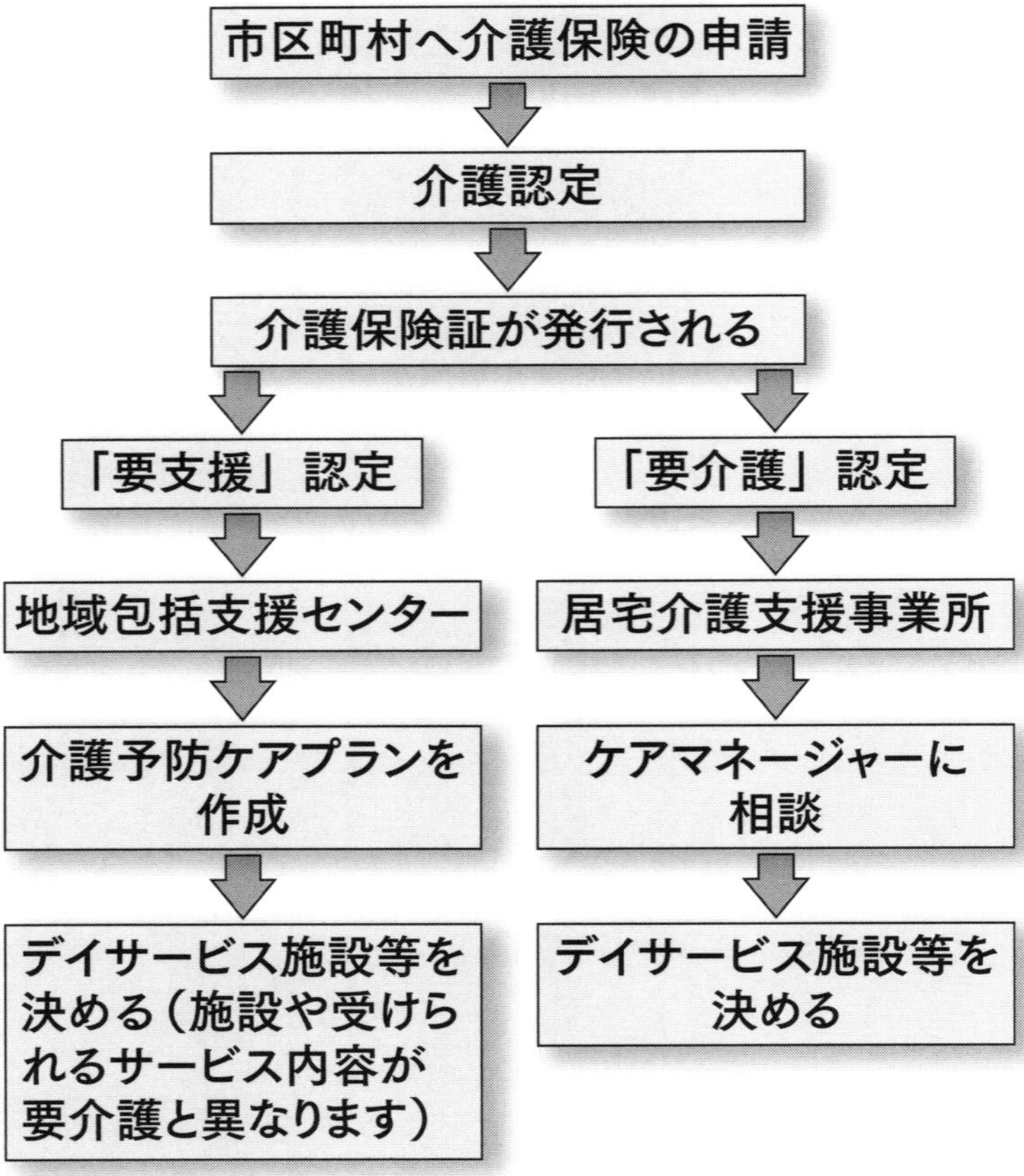

か）を作成してもらいます。

通常は適したデイサービスをケアマネージャーが紹介しますが、ご家族がインターネットなどで情報を収集して見つけたデイサービスを利用したい旨をケアマネージャーに伝えることもできます。

デイサービスに空きがあれば、管理者や生活相談員と面談して（アセスメント）、契約を結び、利用開始となります。

6 サービスの1日の流れ

ここで、当社が提供するサービスの1日のおおよその流れを紹介しましょう。デイサービスではどのようなことが行われているかをご理解いただけると思います。

デイサービスの1日の流れの例（当社の場合）

【午前】

［希望時間8時～］

▼ご自宅までお迎え

送迎車でご自宅の玄関先までお迎えにうかがいます。お泊りの方は朝食です（350円）。

［9時頃］

▼到着、健康チェック、アドバイス

キャストがお声がけし、「体温」「脈拍」「血圧」を測り、健康管理とアドバイスを行います。

［午前中の活動］

▼入浴、体操、レクリエーションなど

・入浴は1人ずつの一般浴です。キャスト1人が付き添い、マンツーマンで入浴をします。

・各々の体調やご要望などに合わせてレクリエーションや体操などを行います。

［12時頃］

▼おいしい昼食

・昼食は手づくり料理を提供します（650円）。

・食事は生活の基本です。「ゆっくり」お好きな速さで、「楽しく」過ごしていただきます。

・利用者様、ご家族、ケアマネージャー様とご相談の上、一緒に料理のお手伝いをしていただきます。

【午後】

［午後の活動］

▼入浴、体操、散歩、レクリエーションなど

・「お昼寝」「何もしない」も活動のひとつです。

・「趣味の時間」……カラオケ、切り紙、押し花、書道、水彩画、美容などを用意しています。

・外出は「散歩」「紅葉見学」「花見」などを行います。

［15時頃］

▼ティータイム

ティータイムの時間は一区切りのお知らせです。１００円で提供いたします。

［15時～］

▼お送り開始

・車内にて、ご利用者様の「満足度」「疲労度」を観察します。

・ご家族に参加状況のご報告（口頭または連絡ノート）をします。

【夕方・夜】

［17時40分～］

▼自主サービス開始

延長1時間２５０円（20時頃まで）、およびお泊り（相部屋1泊１８９０円～、個室1泊５０００円～）。

［17時頃］

▼夕食（希望者、お泊りの方）

夕食は手づくり料理を提供します（700円）。

［20時頃］

▼就寝

・口腔ケア、お着替えの準備をします。

・消灯時間は基本的に20時となっています。

7 デイサービスの種類

ひとことでデイサービスといっても、提供するサービス内容によっていろいろな種類があります。一般的なデイサービスのほか、マシンを使ったリハビリ特化型のリハビリデイ

表1　デイサービスの種類

リハビリデイサービス	マシンを使ったリハビリに特化
入浴専門デイサービス	短時間利用で入浴に特化
趣味特化型デイサービス	エステ・ネイル・カジノ・麻雀などができる
料理に注力するデイサービス	一流シェフによる料理を提供
お泊りデイサービス	年中無休で宿泊や延長による夕食の提供
認知症対応型デイサービス	認知症の方に適した運動やレクリエーション、機能訓練などのサービスを行う

サービスや、短時間利用で入浴だけする入浴専門デイサービス、エステ・ネイル・カジノ・麻雀などができる趣味特化型デイサービス、一流シェフが調理する料理に力を入れているデイサービス、年中無休で宿泊や延長による夕食も提供するお泊りデイサービス、認知症対応型デイサービスなどがあります（表1）。

このほか、住宅型有料老人ホームや、サービス付き高齢者住宅と併設したデイサービスなどもあります。

デイサービスは、利用人数の定員により、小規模（1日の定員が18人以下）、通常規模（同25人ほど）、大規模（40人以上）に分けることができます（人数はおよその目安です）。

8 デイサービスの設備

デイサービスにおいては、次のようなスペースや設備が用意されています。

・利用者1人に対して3㎡の機能訓練室（18人定員であれば54㎡）
・静養室
・相談室
・事務室
・トイレ、お風呂（入浴ができるデイサービスの場合）

デイサービスの料金につきましては、第9章に当社の料金表を掲載しましたので、参考までにご覧ください。また、デイサービスに関する自治体の相談窓口は、市区町村によって異なります。相談ごとがある場合、まずは市区町村の介護保険課に連絡してみましょう。

Information 2

「デイサービス」と「デイケア」の違い

これまでご紹介したとおり、デイサービスは利用者が自立した生活を送れるように支援することを目的にしていますが、一方のデイケアは、医師の指示のもと、機能を回復するためのリハビリを中心に行うサービスになります。医師が常駐し、病院と同様のリハビリや機能訓練が必要な方に向けたものがデイケアです。

デイケアは「通所リハビリテーション」とも呼ばれています。例えば、脳梗塞で倒れて下半身が麻痺になった方が歩けるようになるために、手すりにつかまりながら歩行訓練をしてリハビリに励むイメージです。実際のリハビリテーションは、理学療法士や作業療法士、言語聴覚士、看護師といった特定の資格を有したスタッフに指導をしてもらいながら進めていく必要があります。

第3章

介護施設に入ったら具合が悪くなった⁉

気をつけたい施設事例

高齢者を「ちゃん」付けで呼ぶ施設

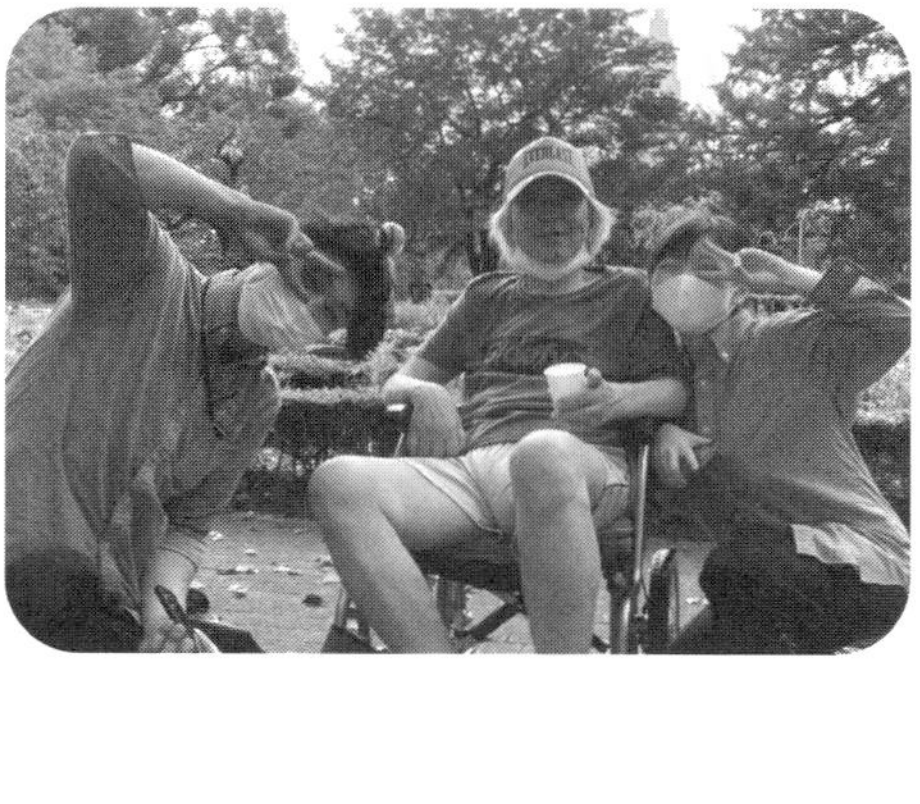

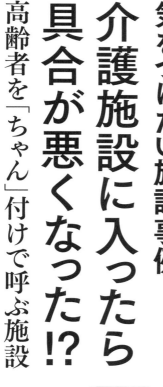

1 スマホ片手に車イスを押す若いケアスタッフにあぜん

私は職業柄、いろいろな介護施設の見学に行ったり、介護施設の経営者と会合などでお会いしたりすることがあるのですが、世の中には本当に悲しい介護施設がたくさんあります。

こんな施設には自分の親を入れたくないなぁとつくづく思ってしまいます。気持ちが暗くなる残念な話ですが、実際に介護施設で起きている事例です。施設を選ぶ際のご参考のためにあえて取り上げます。

特に最近増えているのが、仕事中にスマホのゲームやSNSをしている若いケアスタッフです。

スマホ片手に車イスを押していたため、一段低くなっている段差に気づかず、そのまま車イスを傾けさせ、車イスからおばあちゃんが飛び出してしまった、というのはよくある話です。

なかには、片麻痺のために車イスを使っている利用者を駅員さんがいないからと、わざわざ立たせて、電車から降ろすスタッフもいます。

さらに、スタッフの不注意で利用者が転んだり倒れたりしてケガをしても、「それは本人の責任です」と、知らん顔をする施設さえあります。

若いスタッフのファッションも、ネックレス、ピアスは当たり前。

話し方も、「おじいちゃん、今日何食べたい？」「それ、いいね」などと、タメ口。

本人はフレンドリーなつもりでも、お年寄りに対する尊敬の気持ちがないので、「この人、大丈夫なのかな？」とおびえたり、不安になったりしている高齢者も多いです。

利用者に会いに来たご家族も呼んだことがないあだ名で呼ばれていて、ご家族がショックを受けることもあります。

さらに、相手が高齢者ということで、身だしなみに気を使わないスタッフもたくさんいます。

いつ洗ったかわからないボサボサの髪で、肩はフケだらけ。無精ひげや目ヤニは当たり前。服装もダメージジーンズに首周りが伸びたTシャツ。

「忙しい」を理由に、明らかに利用者を軽視して仕事をしています。

こんなひどい施設に入っていても、意見や注意をしない利用者はたくさんいます。いつ

も お世話になっているからと、何も言えない利用者が多いのです。

しかし、我慢する必要はまったくありません。高齢者に対して思いやりを持ってケアをしている施設はほかにたくさんあるのですから。

少しでも条件のいい施設にどんどん移ってかまわないのです。ただし、高額な入居金が戻ってこない施設も多いのが現実です。

施設を移ったらスタッフに悪いと思う日本人の美徳は、ここでは逆に、利用者の命を縮めることにもつながりかねません。

介護施設はもしかすると利用者にとって、「人生最期の安心できる場所」「終の棲家」になるかもしれないからです。

だからこそ、快適に過ごせて、楽しい生活が営める施設選びを心がけたいものです。

advice & focus

⑧ 高齢者を軽視するスタッフがいる施設もある

⑨ 条件がいい施設に移ってもかまわない

2 粉薬をご飯にかけて飲ませている介護施設もある

先ほどの、スマホ片手に車イスを押すスタッフを見たときもあぜんとしましたが、この話を聞いたときも驚きました。

なんと、ご飯に粉薬をかけて食べさせることで、薬を飲ませている施設があるというのです。

施設を利用されるお年寄りは、だいたい何かしらの薬を服用されています。そして、なかには薬を飲むのを嫌がる方がいることも事実です。

だからといって、ご飯に粉薬をかけるというやり方は、いかがなものでしょうか。

大規模な介護施設では、どうしても効率が求められますので、嫌がるお年寄りに根気よく薬を飲ませている時間はないということなのでしょう。

また、認知症のお年寄りは、白いご飯に白い粉薬がかかっていてもわからないのかもしれません。

だとしても、もしも自分がそんなことをされたら絶対に嫌ですし、自分の親をそのような施設に入れたいとも思いません。

同業者として残念な話ですが、こういった、人間の尊厳を傷つけるような行為をしている施設もありますので、介護施設を選ぶ際はくれぐれもスタッフの対応や所作、言動を観察してください。

advice & focus

⑩ 人間の尊厳を傷つけるような行為を実施している施設には注意

3 おばあちゃんはお風呂で若い男性スタッフに洗われるのが恥ずかしい

さらに悲しいことに、こんな施設もあります。

それは、入浴の際、おばあちゃんの入浴介助を男性スタッフが行うというものです。

当社のデイサービスでは、おばあちゃんの入浴介助は女性キャストが、おじいちゃんの入浴介助は男性キャストが行う**「同性介助」**を基本としています。

その理由は、いくつになっても、異性に裸を見られるのは恥ずかしいと感じるお年寄りが多いからです。

ところが、なかには同性介助ではなく、異性による入浴介助を行っている施設がありま す。これも人間の尊厳を傷つける行為と言っても過言ではないでしょう。

さらに、入浴に関していえば、真っ裸で入浴の順番待ちをさせている施設もあります。

その施設では、効率を追求するあまり、入浴が流れ作業のように行われていて、一人のお年寄りの入浴が終わると、すぐに次のお年寄りが入浴できるように、裸で待機させているのです。

タオルを一枚も与えず、文字どおり真っ裸で待たせているのです。

もしかすると、異性による入浴介助よりも、こちらのほうが尊厳を傷つけられる行為かもしれません。

私も初めは信じられませんでした。しかし、利用者にこのような接遇をする施設は実際に存在します。繰り返しになりますが、施設を選ぶ際はこういった点に十分注意してください。

advice & focus

⑪ 効率を優先させる施設に注意
⑫ 入浴介助は「同性介助」が基本

4 高齢者は「ちゃん」付けで呼ばれるとプライドが傷つく

施設のスタッフが利用者のことをどのように呼んでいるかも、施設を選ぶ際の重要な判断基準の一つといえます。

ほとんどの施設では、「山田さん」「健司さん」「花さん」のように、苗字や名前に「さん」を付けて呼ぶのが一般的です。

ところが、なかには「健ちゃん」「花ちゃん」のように「ちゃん」付けで呼ぶところがあるのです。

このようなスタッフたちは、「ちゃん」付けで呼ぶことでフレンドリーな感じを出しているつもりなのでしょうが、これはフレンドリーをはき違えた行為と言わざるを得ません。

あなたは年下の人から「ちゃん」付けで呼ばれたら、どのような気分になりますか？

以前、私は子供が通っている幼稚園の先生に、タメ口で話されたことがあるのですが、そのときはすごい違和感を覚えました。正直言うと、ムカッとしました。

おそらく、お年寄りも同じような感覚だと思います。

お年寄りを「ちゃん」付けで呼んでいるスタッフたちに悪気はないのかもしれません。

しかし、呼んでいるほうに悪気がなかったとしても、「ちゃん」付けで呼ばれたお年寄りはプライドが傷つけられています。

お年寄りに対して敬意を持って接してくれる施設を選びたいものです。

advice & focus

⑬ 施設のスタッフがゲストをどのように呼んでいるかもチェック

5 「むすんでひらいて」が嫌いな高齢者もいる

ほとんどの介護施設ではレクリエーションの時間を設けています。たとえば、みんなで一緒に折り紙や塗り絵をしたり、歌を歌ったり、ゲームをしたり、クイズをしたり、体操をしたり、カレンダー作りをしたりといったことです。

レクリエーションの目的は、主に次の４つになります。

①身体・生活機能の維持向上
②脳の活性化
③ゲスト同士のコミュニケーション
④生きがいの創出

手足を動かしたり、声を出したり、頭を使ったり、共同作業をしたりするレクリエーシヨンには、本来このような目的があるわけです。

ところが、施設によっては、たとえば「むすんでひらいて」のような目的がないことを、利用者に無理強いしているところがあります。

レクリエーションのメニューがこのような時間つぶし的なものばかりだと、利用者はうんざりしてしまうのです。

前述した目的に当てはまらず、評価のできない、ただの時間つぶしのために行われるレクリエーションが多い介護施設。そのような施設のスタッフは、無意味に盛り上げるのが上手なので、注意して見ているとすぐにわかります。

もちろん、レクリエーションは強制参加ではありませんので、嫌なら参加しなければいいのですが、みんなが参加しているのに、自分一人だけが参加しないのは勇気がいることです。そして、参加するとスタッフがお上手ですねとおだてます。

また、参加したくないレクリエーションが続くとさらに参加しづらくなり、他の利用者から、「みんなやってるんだからあんたもやりなさいよ」と言われることもあります。

レクリエーションのメニューは施設によってかなり違いますので、施設を選ぶ際は必ずチェックしておいたほうがいいでしょう。

6 食事が1週間毎日カレーライスだったデイサービス

お年寄りにとって、生活の中での楽しみといえば、やはり食事ではないでしょうか。介護施設の中には、食事のメニューにかなり力を入れているところもありますし、生活リハビリの一環として利用者に食事づくりのお手伝いをしてもらっているところもあります。施設によって食事に対する考え方や取り組み方はかなり異なりますので、介護施設を選ぶ際は、食事の内容や食事に対する考え方などを事前に確認しておいたほうがいいでしょう。介護施設のなかには、1カ月分の食事のメニューを公開しているところもあり、施設選びの際はその献立表を見せてもらうことをおすすめします。

ちなみに、私が以前聞いた話では、1週間毎日煮込んだカレーが出たというデイサービスもあるそうです。

表2　食事の内容にも留意する

〈当社施設における３月のある週の昼食メニュー〉

月	ご飯、みそ汁 ・牛肉と筍のオイスターソース炒め ・さつま芋の彩り煮 ・春菊のごま和え
火	ご飯、みそ汁 ・秋サケの南蛮漬け ・茄子の炒め煮 ・いんげんと竹輪の和え物
水	ご飯、みそ汁 ・豚肉と野菜の黒酢あん ・水餃子 ・春菊のナムル
木	ご飯、みそ汁 ・メンチカツ ・マカロニトマトソテー ・ごぼうサラダ
金	ご飯、みそ汁 ・ホキのきのこあんかけ ・田舎煮 ・ほうれん草の三色和え
土	ご飯、みそ汁 ・中華丼 ・チンゲン菜の炒り菜 ・キャベツのしらす和え
日	ご飯、みそ汁 ・うなぎの蒲焼き ・ひじきとごぼうのきんぴら ・かぼちゃサラダ

また、訪問介護のホームヘルパー（介護職員）のなかには、食事を作らず、コンビニのお弁当やパンを買ってお年寄りに与えて済ませている人もいると聞きます。

残念ながら、そのような施設や介護職員が存在しているのは事実ですので、食事に関しても留意してください。

advice & focus

⑮ 施設選びの際は献立表を見せてもらう

7 ケアマネージャーを変えることができる

一度入所した介護施設を変えることができないと思っている人が多いのと同じように、一度担当になったケアマネージャーは変えることができないと思っている人も多いようです。

しかし、**ケアマネージャーも変えることができます。**

ケアマネージャーとは、介護認定を受けた要介護者本人やその家族からの相談に乗ったり、適切なケアや保険サービスが受けられるようにケアプラン*3を作成したりする人のことです。ケアをされる本人や家族にとって、最も身近なケアの専門家といえるわけですが、ケアマネージャーも人間です。「合う、合わない」があると思います。
また、こちらの要望を聞き入れてくれなかったり、実際のケア方針が契約内容と違っていたりすることもあるでしょう。そうなると、お互いが意見を言いづらい思いをすることになりますし、そのしわ寄せが要介護者（ゲスト）に行くことになります。

では、ケアマネージャーを変えたいと思ったら、どうすればいいのでしょうか？
それには次の3つの方法があります。

①担当ケアマネージャー本人、またはそのケアマネージャーが在籍している居宅介護支援事業所*4に申し出る
②別の居宅介護支援事業所に相談する
③地域包括支援センター（「Information 3」参照）や市区町村の介護保険課に相談する

ただし、なかなかケアマネージャーに直接は言いづらいと思いますので、まずは地域包括支援センターや市区町村の介護保険課に相談してみるのがいいでしょう。

なお、ケアマネージャーや居宅介護支援事業所を変更したとしても、現在受けているケアサービスそのものは継続可能ですので、その点はご安心ください。

advice & focus

⑯ケアマネージャーを変えてもらうことができる

＊3 **ケアプラン（介護サービス計画書）**——介護保険サービスなどの利用についての方針を定めた計画のこと。要介護者とその家族が充実した生活を送れるように、長期的、短期的な目標を設定します。ケアマネージャーが在籍している居宅介護支援事業所などに依頼すれば、無料で作成してもらえます。ケアプランは、要介護者の心身状態の変化などに応じてケアマネージャーに相談し、見直していきます。

＊4 **居宅介護支援事業所**——居宅の要介護者（要介護1～5の認定を受けている人）が適切な生活支援を受けられるように、介護支援専門員（ケアマネジャー）が要介護者の心身の状態、生活環境、希望などを勘案したうえでケアプランを作成し、サービス事業者との連絡調整や、当該施設等への紹介を行う事業所のことです。

Information 3

「地域包括支援センター」は高齢者の総合相談窓口

地域包括支援センターは、地域に住むすべての高齢者を介護・医療・保健・福祉などの面からサポートする「総合相談窓口」です。高齢者の暮らしを地域で支えるための拠点として、自治体などによって設置された機関になります。高齢者が住み慣れた地域で生活していけるように、介護だけではなく、住居・医療・生活支援といったサービスを、さまざまな領域の関係機関と連携し、提供する体制を目指しています。

また、前述した介護度認定の申請や、各種介護サービスの手続き、介護サービス施設の紹介なども行い、介護サービスに関して家族や支援者が最初に訪れる窓口としても機能しています。このほか、在宅介護の悩みにおける相談窓口としても活用できます。利用できるのは、当該地域に住んでいる65歳以上の高齢者、またはその支援や介護のための活動に携わっている方になります。

地域包括支援センターの役割として、次の４つが業務の柱になります。

「介護予防ケアマネジメント」

要支援に認定された方の介護予防ケアプランを作成したり、介護や支援が必要となるおそれのある方へ介護予防プログラムの参加を支援する。

「権利擁護」

高齢者への虐待の防止・早期発見や、悪質商法の被害を、関係機関と連携して防止する。

「総合相談支援」

高齢者の抱える生活全般の悩み・相談に対して、適切なサービスの紹介や、解決のための支援を行う。

「包括的・継続的ケアマネジメント」

地域ケア会議の開催のほか、適切なサービスが提供されるように、地域のケアマネージャーへの個別相談やアドバイスなどを行う。

第4章

良いデイサービスはキャストで決まる！

デイサービスの目的は自立支援・社会参加・家族の負担軽減

1 デイサービスにはさまざまな種類がある

ケアサービスには、「在宅」のまま利用できる「在宅介護サービス」と、「入所」してサービスを受ける「施設介護サービス」の2種類があるというお話は、前述したとおりです。その中で、私が運営しているのは、在宅介護サービスの中の「デイサービス」です。そこで本章以降では、デイサービスに特化した形で説明いたします。

デイサービスは、在宅で生活をしている高齢者が日帰りで施設に通って利用するサービスです。

ほとんどのデイサービスが車での送迎付きで、食事や入浴、レクリエーションなどのサービスを行っていますので、一見すると、どのデイサービスも同じに見えるかもしれません。

しかしなかには、宿泊もできるお泊りデイサービスや、リハビリに特化した機能訓練特化型デイサービス、入浴だけに特化した入浴専門デイサービスもあります。

また、規模の違いによっても、小規模デイサービスと通常規模デイサービスと大規模デイサービスに分けられます。

小規模デイサービスは1カ月のゲスト数が平均480人以内（1日の定員1~18人くらい）の施設で、通常規模デイサービスは1カ月のゲスト数が平均750人（1日の定員25人くらい）の施設です。大規模デイサービスは1カ月のゲスト数が平均9000人を超える（1日の定員40~50人くらい）施設になります。

第2章でお伝えしたように、デイサービスにもいろいろな種類がありますので、まずはそのことを知っておいてください。

advice & focus

⑰ デイサービスは、在宅でケアを受けている高齢者が日帰りで施設に通って利用するサービス

2 デイサービスの目的は「自立支援」「社会参加」「家族の負担軽減」

デイサービスというと、ケアが必要なお年寄りを預かってくれて、スタッフがいろいろと面倒をみてくれる施設というイメージをお持ちの方も多いのではないでしょうか。

そのイメージは間違いではないのですが、実はデイサービスの目的は法律で次の3つと定められています。

①自立支援
②社会参加
③家族の負担軽減

このうち、最も重要なのが1つ目の「自立支援」です（図2）。

つまりデイサービスには、**お年寄りが自立できるように支援する**使命があるというわけです。

図2　デイサービスの目的

　ですから、なんでもかんでも代わりにやってあげるのではなく、利用者ができることと、サポートが必要なことを見極め、利用者ができないことをサポートしたり、環境を整えたりしてあげることが重要なのです。

　たとえば当社では、できる方には、食器を拭いてもらったり、洗濯物をたたんでもらったり、掃除機をかけてもらったりします。

　また入浴にしても、自分で身体が洗える人には、自分で洗うようにしてもらっています。

　このように、できることは自分でやってもらうことによって、身体機能の低下を防いでいるのです。

　さらに、食器を拭いてもらったり、洗濯物をたたんだり、掃除機をかけてもらったりすることは、利用者が**人の役に立っていること**を実感でき、デイサービスでの生活にリズムができます。そしてそれが生きがいにもつながるのです。

したがって、デイサービスを選ぶ際は、自立支援に対する具体的な取り組みをしている施設を選ぶようにしましょう。

advice & focus

⑱ 自立支援に対する具体的な取り組みをしている施設を選ぶ

3 良いデイサービスはおばあちゃん子が多い

では、良いデイサービスにはどのような特徴があるのでしょうか?

実は、デイサービスに限らず、介護施設の良し悪しは、**スタッフの良し悪しで決まる**と言っても過言ではありません。いくら施設がきれいでも、いくら食事がおいしくても、スタッフが良くないと良い施設とは言えないのです。

それでは、どのようなスタッフがいるデイサービスが良いのでしょうか？

一つは、**おばあちゃん子**がいる施設です。

なぜ、おばあちゃん子のスタッフがいいかというと、おばあちゃん子にはお年寄りが好きな人が多いからです。


ケアの仕事はお年寄りが好きでなければ務まりません。

逆に、お年寄りが好きな人にとっては、本当に楽しい仕事だと思います。そういう意味で、おばあちゃん子だったスタッフのいる施設は、利用者にとっては居心地の良い施設といえるのです。

また、おばあちゃん子はお年寄りに慣れていることも良い点に挙げられます。

なかには、おばあちゃんやおじいちゃんが認知症になったのを間近で見ている人もいます。そういう人は、認知症がどういうものかをある程度理解していますので、認知症の利用者がいても慌てることはありません。

しかし、お年寄りに慣れていない人の中には、認知症のお年寄りに接してカルチャーショックを受ける人がいます。

第4章

認知症の症状の一つである暴言に慣れていないので、「あんたなんていらないわよ！」などと認知症のお年寄りに言われると、人格を否定されたと思い、心が折れてしまうのです。

その点、暴言を見てきたおばあちゃん子はそういう事情に慣れています。私は、認知症のお年寄りにうまく対応し、おばあちゃんに頼られるようになるキャストの姿を目にすることがあり、その場合たいていはおばあちゃん子です。

advice & focus

⑲ 介護施設の良し悪しは、スタッフの良し悪しで決まる
⑳ おばあちゃん子だったスタッフのいる施設

4 良いデイサービスは施設の雰囲気が明るい！

施設の雰囲気が明るいかどうかも、デイサービスを選ぶ際の重要な基準の一つといえます。

当然、明るい雰囲気の施設のほうが良いわけですが、なかには施設に入った瞬間、空気がどんよりしていて、暗い感じがするところもあります。

そのような空気は、その施設のスタッフが作り出していると言っても過言ではありません。スタッフが生き生きと楽しく働いている施設では施設全体が明るい感じがするのに対し、スタッフが疲れた気持ちで仕事をしている施設では、どうしても雰囲気が暗くなりがちなのです。

このような施設の雰囲気の違いは、スタッフ一人ひとりの資質もあるでしょうが、それだけではありません。

スタッフが楽しく働ける環境を会社側が用意しているかどうかも重要なのです。

たとえば、やる気のあるスタッフがレクリエーションでこういうことをやりたいとアイデアを出したとしても、その意見を聞く耳すら持たず、「スタッフは決められたことだけをやっていればいい」という考え方を打ち出す会社では、スタッフはやる気をそがれてしまいます。そしてその保守的な感じが施設の雰囲気に表れます。

ですから、会社の方針も重要なのです。

ただし、会社の方針や施設長の考え方は外から見ただけではなかなかわかりませんので、施設見学に行った際は、スタッフや利用者の表情をよく観察することをおすすめします。

また、施設長の人となりや考え方は、スタッフや利用者の表情、そして施設が醸し出す雰囲気に表れるものです。

advice & focus

㉑ 施設の雰囲気はスタッフがつくりだす
㉒ スタッフが楽しく働ける環境を会社側が用意しているか

5 資格支援制度やキャリア段位制度があるとキャストはどんどん成長する

資格がなくてもデイサービスで働くことはできます。

しかし、利用者の立場からすると、資格を持っているスタッフがたくさんいるデイサービスのほうが安心です。

特に、身体ケアの技術については、資格を取得している人と取得していない人とでは、どうしてもケアのやり方に差が出ますので、資格を持っているスタッフがどれくらいいるかも、良いデイサービスを見極める基準の一つといえるでしょう。

介護職員がもっていると安心できる資格には、次の3つがあります。

①介護職員初任者研修
②実務者研修
③介護福祉士（国家資格）

1つ目の「介護職員初任者研修」は、ケアの基礎知識やスキルが学べる資格です。この資格を取得するには、スクールに通い、修了試験をパスする必要がありますが、最短1カ月で取得できます。

第4章

図３　介護職員として働くための資格

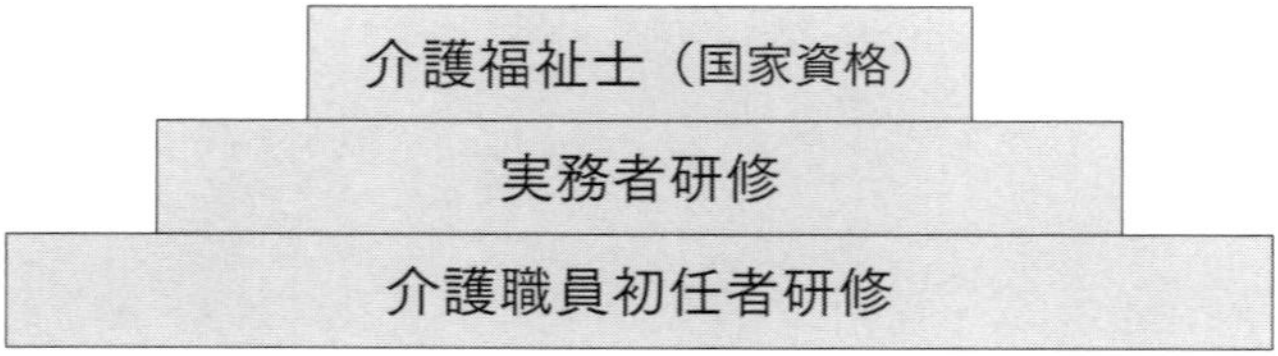

２つ目の「実務者研修」は、介護職員初任者研修の上位にあたる資格で、医療的ケアやたん吸引など実践的なスキルを学ぶことができます。

３つ目の「介護福祉士」を取得するには、実務者研修の修了が必須になります。

介護福祉士は、介護職唯一の国家資格です。この資格を取得するには、３年以上の実務経験と、実務者研修の修了が必要になるため、この資格を持っている人は、ケアのスペシャリストといえます（図３）。

これらの資格取得者がたくさんいるデイサービスは良い施設といえますし、スタッフがこれらの資格を取得するために会社として支援している施設も良い施設といえるでしょう。

ちなみに、当社はこれらの資格取得を支援しています。

また、介護職離れを食い止めつつ、施設によって差があるケア技術の質を高めようという目的で、厚生労働省による国家戦略として実施されているのが、「介護プロフェッショナルキャリア段位制度」です。

この制度は簡単にいうと、介護職の能力を評価する「共通の評価基準」を作り、知識とともに実践的なスキルを客観的に評価しようというものです。

評価基準はレベル1からレベル7まであり、スタッフはこのレベル認定を受けることで自分の能力を知ることができると同時に、上のレベルに行くために身につけるべき能力もわかるようになるのです。介護福祉士法でも「資質の向上の責務」の義務規定があり、介護福祉士の資格を持っているから学ばなくていいというわけにはいきません。

当社もこの制度を積極的に導入し、キャストの技術と知識の向上に努めていますが、この制度を活用しているかどうかも、良いサービスを探す際のポイントになると思いますので、施設の資料などに記載があるかどうかを確認してみてください。

advice & focus

㉓ 資格を持っているスタッフの数が良いデイサービスを見極める基準の一つ

㉔ 「介護プロフェッショナルキャリア段位制度」を活用しているか

Information 4

「介護福祉士」とは？

介護福祉士とは、身体上や精神上の障害があることにより、日常生活の営みに支障をきたす人に、専門的知識や技術をもって、入浴や排泄、食事、その他生活上に必要な行為への介護を行い、また利用者や介護者に対して介護に関する指導を行う専門職です。社会福祉士および介護福祉士法（1987年5月26日制定、2007年12月5日改正）により定められた介護・福祉分野の国家資格になり、介護保険サービスや障害福祉サービスなどの介護職員や訪問介護員として従事します。

法律では、「介護福祉士の名称を用いて、専門的知識及び技術をもつて、身体上又は精神上の障害があることにより日常生活を営むのに支障がある者につき心身の状況に応じた介護を行い、並びにその者及びその介護者に対して介護に関する指導を行うことを業とする者をいう」と定義しています。社会状況の変化に鑑み、その役割は変化し、2007年の法律改正の際には、「社会福祉士又は介護福祉士は、社会福祉及び介護を取り巻く環境の変化による業務の内容の変化に適応するため、相談援助又は介護等に関する知識及び技能の向上に努めなければならない」と、資質向上の責務も加えられています。

介護福祉士はケアマネージャーが定めたプランに従って、サービスを実際に行う役割を担います。主な仕事は、介護を利用する人が日常生活における身辺の動作（食事、移動、排泄、衣類の着脱、体の衛生管理など）を安全に行えるよう介護する「身体介助」、炊事や衣類の洗濯、掃除、買い物といった生活行動のほか、生活を維持するために必要な援助を行う「生活援助」、利用者とその家族を含めた介護に関する「相談・助言」となります。

6 ゲストのことをどれだけ知っているかでケアの仕方も変わる

ゲストの希望や状況に合ったケアを行うために欠かせないのがアセスメントです。アセスメントとは、ゲストにヒアリングをしてさまざまな情報を収集・分析することで、どこのデイサービスでも、利用者を受け入れる際には必ず実施しているものです。

ただし、どこまで詳しく聞くかは施設によって違いがあります。

当社の場合は、ゲストの現在の状況（日常生活や行動範囲）だけでなく、ゲストのことをより詳しく知るために、次のような事項も聞くようにしています（図4）。

- ●出身地
- ●仕事
- ●結婚・出産・育児
- ●戦争体験

●退職後
●得意なこと
●不得意なこと
●好きなこと・趣味
●嫌いなこと（もの）

能力を奪うのではなく、「適切に引き出す」「維持につながる」「生活を営む」ことへの関わりを目指さなくてはなりません。そして、根拠がある対応を継続的に提供していくことで、その人らしさを追求していきます。これは、やりたいこととできることのギャップに苦しませないための配慮です。

なかでも、仕事のことや得意なことは重要です。

なぜなら、人となりを聞いておくことによって、ゲストにレクリエーションの講師をやってもらったりすることができるからです。

実際、当施設のゲストの中に糠漬けが得意なおばあちゃんがいて、レクリエーションの時間にその方に糠漬け教室を開いてもらったことがあります。

3. 生活歴

出身地	
仕事	
結婚・出産・育児	
戦争体験	
退職後	
利用前の日常生活	
得意・不得意	
好きなこと・趣味	
嫌いなこと・もの	
日常の行動範囲	

4. 利用目的

利用する目的			
ご本人の希望			
ご家族の希望			
入浴の希望 (曜日、回数等)			
送迎時間の希望・気をつける点			
住居形態	□戸建て　□集合住宅	専門居室	□有　□無
使用寝台	□布団　□ベッド　□ギャッジベッド　□電動	使用便座	□和式　□洋式　□ポータブル

5. 今後のケア・サービスの方針

6. その他

7. 通所介護計画書作成状況

利用開始	目標終了年月日	通所介護計画書作成日	その他
ケアプラン短期目標			介護保険被保険者番号: 要介護度: 有効期限: 負担割合:
ケアプラン長期目標			
ケアプラン変更			
ケアプラン短期目標			
ケアプラン長期目標			

図4　「アセスメントシート」の例

通所介護アセスメントシート

記入日:　　　年　　月　　日

記入者:

1.基本情報

ふりがな		性 別	年 齢	生 年 月 日
本人氏名	様		歳	□M □T □S　年　月　日
現 住 所	〒		電話番号	
世 帯 類 型	□同居 □同居(日中独居) □高齢者夫婦 □独居		要介護認定	☑区分変更中 □要介護1 □2 □3 □4 □5
緊急連絡先	住 所		本人との続柄	電 話 番 号
①　様	〒			
②				

家族構成図	家族情報詳細

担当介護支援専門員	住所	事業所名	①TEL ②携帯 ③FAX
様			①　②
			③
主治医	住所	病院名	①TEL・②携帯
様			①
			②

既往歴・病歴		服用薬	□朝 □昼 □夜 □とんぷく
特別な治療・処置・制限等		他サービス利用状況	

2.身心の現状

ADLなど	現 状		備 考
歩 行	□自立 □見守り □杖 □カート □歩行器 □車いす □麻痺		
動 作	□起立可 □つかまり立ち可 □座位可 □寝返り可 □ねたきり		
食 事	□自立 □一部介助 □全介助 □とろみ □きざみ		
食形態・禁止食・嚥下	主食(　　) 副菜(　　) □嚥下障害		
視力・聴力	□視力問題なし □視力問題あり □聴力問題なし □聴力問題あり		
着 脱 衣	□自立 □声かけ □一部介助 □全介助		
入 浴	□自立 □声かけ □一部介助 □全介助		
排 泄	□自立 □声かけ □一部介助 □全介助 □パット確認あり		
着用下着類	□布パンツ □パッド □リハビリパンツ □おむつ		
コミュニケーション	□健常 □やや難 □とても難 □不可		
認 知 症	□なし □少し有り □中度 □重度	問題行動	□徘徊 □妄想 □介護拒否 □異食
特 記 事 項			

また、元大工のおじいちゃんに靴箱を作ってもらったこともありました。

このように特技を活かして人に教えたり、何かを作ったりすることは、人の役に立っていることを実感でき、お年寄りにとって生きがいになっているようです。

年寄り扱いされる施設と、若者と変わらぬ扱いをされる施設。お世話される施設と、活動し参加できる施設。あなたはどちらが良いですか？

advice & focus

㉕「アセスメント」でゲストの仕事や得意なことなどを聞く
㉖ゲストにレクリエーションの講師を担当してもらう（活動し、参加できる施設）

7 ダブルワークOKで書道家、作家、ダンサーも張り切ってケアする

前節の例は、ゲストの方々に特技を活かしてもらうというお話でしたが、当社ではキャ

ストにも特技を活かしてもらうようにしています。

たとえば、キャストの中に書道家の人がいるのですが、そのキャストにはレクリエーションの時間に書道教室を開いてもらいました。

また、ヒップホップのダンスが得意だというキャストには、椅子に座ってできるヒップホップダンス教室を開いてもらったこともあります。

さらに、作家をしているキャストには「ケアのうた」を作ってもらい、ビデオの編集が得意なキャストにはお誕生日会やレクリエーションの様子を撮影したビデオを編集してもらっています。


なぜ、当社にはこのような特技を持ったキャストが多いのかというと、当社ではダブルワークを認めているからです。

要するに、「副業ＯＫ」にしているわけです。

近年、大手企業を中心に副業ＯＫの会社が増えてきましたが、まだまだ副業禁止の会社が多いのが実情です。ケア業界も同様で、副業禁止の会社がたくさんあります。

そんな中で、当社が副業ＯＫにしているのは、キャストたちの多様な生き方をできるだけ尊重したいと思っているからです。

その結果、当社にはいろいろな才能や特技を持った人材が集まるようになりました。そして、キャストの才能を仕事で発揮してもらうことで、キャストも仕事にやりがいを感じ、楽しみながら、パフォーマンスを発揮してくれるのです。

advice & focus

㉗ 特技をもったキャストが多い
㉘ キャストの副業を認め、才能を仕事に活かしてもらう

8 良いデイサービスは連絡帳が充実している

ご家族にとって、ゲストがデイサービスでどのように過ごしているのかは、気になるところでしょう。

そのようなご家族のニーズに応えるために、だいたいどこのデイサービスでも、その日

のゲストの様子を報告する連絡帳があります。

しかし、その連絡帳に書かれている内容は、施設によってかなりの差があるのです。

たとえば、小さなノートに数行程度しか書かれていないデイサービスもあれば、Ａ４用紙に写真入りでビッシリと書いて報告するデイサービスもあります。

ちなみに、当社の連絡帳もＡ４用紙に写真入りで作成しており、毎日次のような項目を記入して報告しています（図５）。

●バイタル（体温、血圧、脈拍など）
●入浴
●トイレ
●口腔ケア
●昼食のメニューと食事量
●散歩の様子や効果
●レクリエーションの内容と様子
●その他（できたこと・介助方法など）

デイサービスクローバー [redacted] 介護記録 CLOVER

2020年09月28日(月) [redacted] 様

[redacted]

項目	時間	内容・様子	給水量	担当
通所開始	9:30	デイサービスを開始しました。		
朝の会	9:30		200 cc	[redacted]
午前の活動	10:00	機能訓練体操、脳トレ、口腔体操に参加されました。	200 cc	[redacted]
入浴	10:50	「息子の家に行ったんだっけな？忘れちゃったよ」と笑っておりました。	100 cc	[redacted]
昼食	12:00	ご飯、味噌汁、豚肉の生姜焼き、おからごぼう、キャベツ梅和えを召し上がりました。	300 cc	[redacted]
午後の活動	13:00	哲学堂に行きました。「天気がよくてよかった」と仰っていました。		[redacted]
おやつ	15:00	紅茶のマフィンを召し上がりました。	200 cc	[redacted]
夕方の活動	15:30	漢字クイズの後、整理体操をしました。		[redacted]
通所終了	16:40	デイサービスを終了しました。		
		合計	1000 cc	

「天気いいから行こうかな」と
哲学堂にお出かけしました。
[redacted]

ご家族から

運動不足だったので、外出させて頂き本当に有難いです!! 今日は過ごし易い陽気で気持ち良かったと思います(^^)

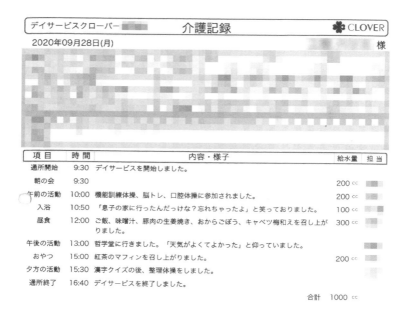

図5　連絡帳による報告の例

デイサービスクローバー　　介護記録　　CLOVER

2020年10月31日(土)　　様

項目	時間	内容・様子	給水量	担当
通所開始	9:30	デイサービスを開始しました。		
朝の会	9:30		100 cc	
午前の活動	10:00	機能訓練体操、脳トレ、口腔体操に参加されました。	300 cc	
入浴	10:30	「最近洋服買わないねぇ」と仰っていました。	100 cc	
経過・体調	10:30	血圧177/101脈拍73回		
昼食	12:00	カリフラワーとブロッコリーのベーコン炒め、白身魚のフライ、タルタルソース、トマトソースのスパゲティ、ご飯、コンソメスープを召し上がりました。	300 cc	
午後の活動	13:00	ネイルをされました。「こんなのほとんどやったことないよ」と仰っていました。	100 cc	
おやつ	15:00	ハロウィンおやつ（かぼちゃモンブランとイラストクッキー）を召し上がりました。	200 cc	
夕方の活動	15:30	整理体操をしました。		
通所終了	16:40	デイサービスを終了しました。		
			合計　1100 cc	

ハロウィンということで
つめにネイルをしました。

ご家族から

ネイル、ありがとうございました。
キラキラでカワイイ…。

また、日々の連絡帳のほかに、月に1度ご家族にお渡しする「利用報告書」という書類もあります。

これには、ゲストの出欠状況や、入浴やレクリエーションなどサービスの利用状況、ほかのゲストやキャストとのコミュニケーションの状態、目標の達成度、進捗度合いなどが記載されています。

さらに、デイサービスの中には、日々の様子をブログやインスタグラムで紹介しているところもあります。ブログやインスタグラムを見れば、日々の様子をさらに詳しく見ることができますので、施設選びの際にはブログやインスタグラムなどのＳＮＳ活用の有無もチェックしておきたいところです。

advice & focus

㉙ ゲストの様子を報告する連絡帳や利用報告書の充実

㉚ インターネットを活用する施設

第5章

ケアの新ルールは「手伝わない」「諦めない」「無理しない」

ゲストの自立を根気よく見守ること

1 キャンセル待ちのデイサービスの基本的な考え方とは？

現在、当社は10カ所のデイサービスを運営していますが、おかげさまですべての施設がキャンセル待ちの状態です。

では、なぜ当社の施設がこれほど多くの方々から支持されているのでしょうか？

それは3つの考え方、「手伝わない」「諦めない」「無理しない」に基づいて施設の運営を行っているからだと思っています（図6）。

それぞれどういうことなのかを順に説明していきましょう。

まず1つ目の「手伝わない」ですが、これは「なんでもかんでも手助けしない」という意味です。

前述したとおり、当施設では、ゲストができることは基本的にゲストにやっていただくようにしています。

図6　当社の3つの考え

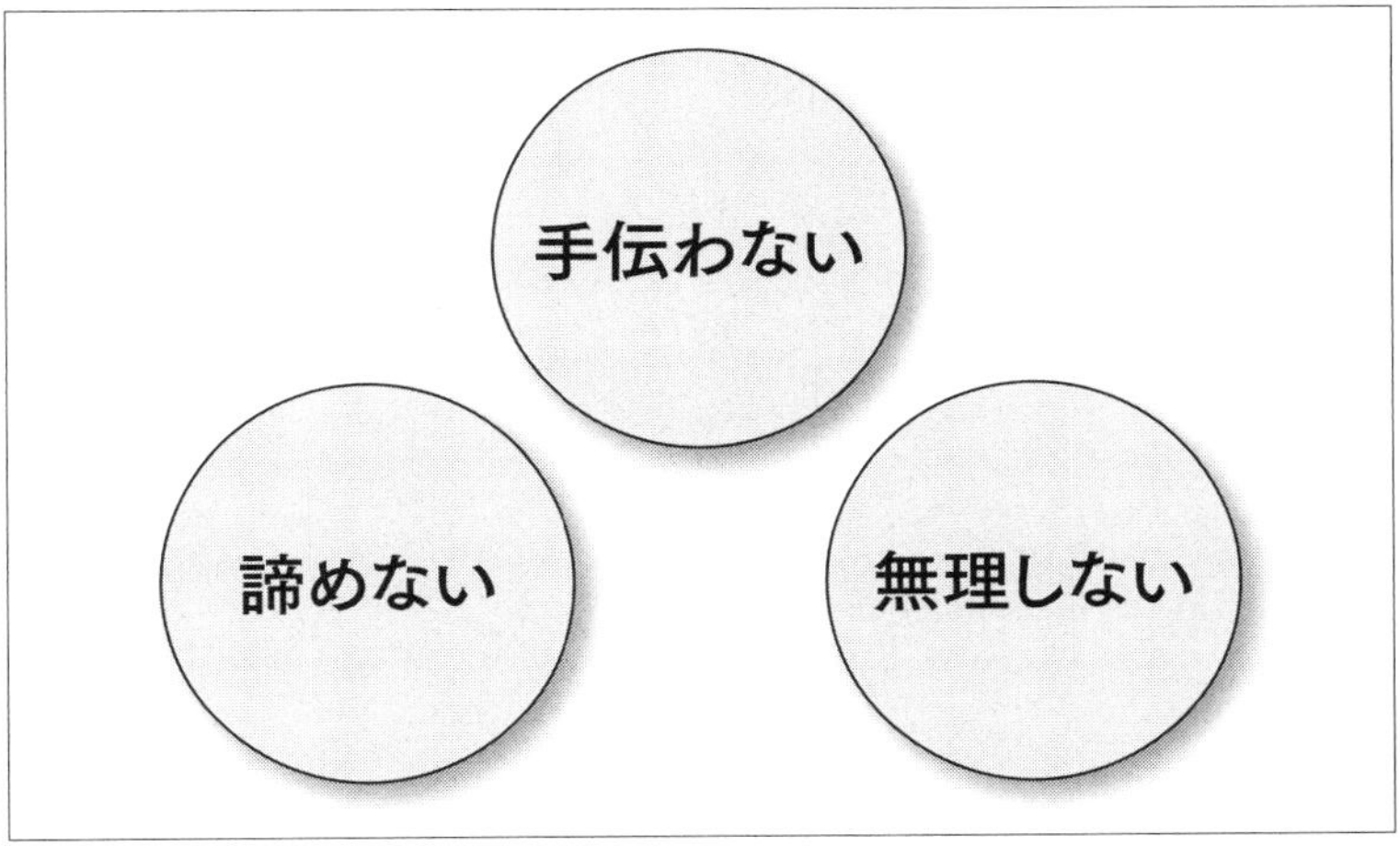

第5章

2つ目の「諦めない」ですが、これは「ゲストの回復を信じる」という意味です。キャストが諦めてしまっては、ゲストの回復は望めません。したがって、キャストのほうから匙を投げてしまわないことを心がけ、ゲストに生活リハビリに根気よく取り組んでいただくようにしています。

3つ目の「無理しない」とは、「キャストもゲストも無理をしなくていい」という意味です。

たとえば、レクリエーションに参加したくないというゲストがいた場合、キャストは無理強いしないようにし、ゲストも無理して参加しなくてよいことにしています。

これら3つの「手伝わない」「諦めない」

「無理しない」こそが、私はケアの新しいルールだと考えています。

では、これら3つの考え方について、もう少し詳しく説明していきましょう。

advice & focus

㉛ ケアの新しいルール3つ ▼「手伝わない」「諦めない」「無理しない」

2 なぜ、高齢者を手伝ってはいけないのか？

私が考えるケアの新ルールの1つ目は「手伝わない」ですが、「なぜ手伝ってはいけないの？　手伝ってあげたほうが親切なのでは？」と、疑問に思っている人も多いのではないでしょうか。

たしかに、そう思うのも無理がないかもしれません。

実際、多くの介護施設では、ゲストをお客様扱いし、ゲストができることも、キャストが先回りしてやってあげているのが実情です。

たとえば、食事を食べさせてあげる。食後はベッドに寝かせてあげる。入浴時に身体を洗ってあげる。一日中、車イスに座らせてあげる。好きだからと一日中テレビを見させてあげる。こういったことが多くの介護施設の日常です。

ゲストの手や足がまったく動かないのであれば、それも仕方がないでしょう。しかし、手足が動くのに、キャストが先回りしてなにからなにまでやってあげていては、ゲストのリハビリになりません。植物状態でなければ、すべて「一部介助」であるべきなのです。手足が不自由な方でも、目で合図したり、首を振ったりして動きたいという意思表示をしてくださいます。

キャストの行き過ぎた手助けは、ゲストの回復のチャンスを奪ってしまっているだけでなく、ゲストの身体機能をどんどん低下させたり、2次・3次障害*5に移行させているといっても過言ではないのです。

施設側からすれば、食事にしろ、身体洗いにしろ、着替えにしろ、キャストがやってあげたほうが早いし、効率的だという考え方もあるでしょう。

しかし、デイサービスの目的は、前述したようにゲストの「自立支援」です。その目的を達成するには、効率よりもゲストの回復を優先すべきなのは当然といえるのではないでしょうか。常に、主体はゲストであるべきです。ゲストが置き去りの関わりでは自立支援につながりません。

advice & focus

㉜キャストの行き過ぎた手助けは、ゲストの回復のチャンスを奪い、身体機能を低下させる

＊5　**2次・3次障害**——ある障害に何らかの影響を与えることにより併発して起こる障害のこと。または、1次的な障害が長期化することによって現れるあらたな障害を指します。

3 一人でできるようになるまで諦めずに見守る

ケアの新ルールの２つ目は「諦めない」ですが、残念ながら現実には、最初から「このような症状のゲストの回復は無理だ」と決めつけてしまっているデイサービスがあるのも事実です。

そういう施設に通ってしまうと、リハビリをすれば回復する可能性があるのに、キャストが先回りをして全部やってしまうのでリハビリに至らず、ゲストはどんどん弱っていくことになります。

何度もお伝えしますが、デイサービスの目的はゲストの自立支援です。

ですから、本来キャストは、ゲストの回復を信じて諦めずに、ゲストがリハビリに取り組むように見守り続けていかなければならないのです。

もちろん、すぐにリハビリの効果が現れるとは限りません。むしろ、時間がかかるケースのほうが多いといえるでしょう。

しかし、毎日少しずつでも、ゆっくりと、ゲストが自分で手を動かして食事をするようにしていれば、いつかは普通の人と同じように、自分で食事をすることができるようになるのです。

障害ではない車イスの人も、いつかは自分の足で歩けるようになるのです。

実際、私はそのようなゲストの姿をたくさん見てきましたので、単なるリハビリではなく、生活に必要な筋力のためのリハビリであれば、かなり高い確率で機能回復するといっても過言ではないと思います。

キャストがなんでもやってくれる施設は、一見、サービスが行き届いた施設に思えるかもしれませんが、実はキャストが手出しをせず、ゲストが自分でやろうとしているのを根気よく見守り続けてくれる施設こそが良い施設なのです。

advice & focus

㉝ 生活に必要な筋力のためのリハビリであれば、高い確率で機能回復する

㉞ ゲストの自主性を根気よく見守り続ける施設こそが良い施設

4 レクリエーションに参加しなくてもいいという自由

3つ目の「無理しない」は、ゲストは無理しなくていいし、キャストも無理強いする必要はないということです。

しかし、デイサービスの中には、レクリエーションへの参加を強制している施設があるのも事実です。

また、強制ではないと言いながらも、なんとか参加してもらおうとスタッフが躍起になっているところもあります。

ではなぜ、このような無理強いが行われてしまうのでしょうか？

それは、施設側が利用者を管理しようとしているからです。

たとえば、

「今はレクリエーションの時間だから、みんな一緒にレクリエーションをやってもらう」

「今は食事の時間だから、時間内に全員食事をすませてもらう」

「今は入浴の時間だから、時間内に全員入浴をすませてもらう」

このような発想で、施設運営が行われているのです。

しかし、これらはすべて施設の都合によるもので、そこに利用者の自由は存在していません。こういった、**施設側によって作られた生活**が認知症を悪化させてしまうのです。

あなたはこのようなデイサービスに通いたいと思いますか？

私はそんな自由のない施設に通いたいとは思いませんし、自分の両親を通わせたいとも思いません。

以上のような理由で、当社ではゲストの意思を尊重し、自由を認めるようにしているのです。ただし、だからといって当施設が、ゲストがみんなバラバラのことをしているような無法地帯になっているかというと、決してそんなことはありません。

なぜなら、たとえばレクリエーションの場合でいうと、事前にアセスメントで情報を周知して、ゲストが参加したくなるようなレクリエーションを行っているからです。

入浴にしても、嫌がるゲストがいた場合、放っておくのではなく、ゲストが自らの意思で入浴したくなるような関わり方や環境の整備をするといった努力、工夫をするようにしています。

無理強いされたり無理強いしたりすることは、ゲストにとってもキャストにとっても大きなストレスになります。

ですから、利用者とスタッフが無理をせずに関われる施設が良いといえるでしょう。

advice & focus

㉟施設側が利用者を管理しようとするのは×

㊱施設側によって作られた生活が認知症を悪化させてしまう

㊲利用者とスタッフの双方が無理をせずにデイサービスを受け、行えるのが良い施設

第6章

ゲストが参加したくなるレクリエーションとは？

特技を持つキャストやゲストが先生になる

1 レクリエーションには幼稚なものが多い

デイサービスでよく行われているレクリエーションといえば、およそ次のようなものが一般的です。

①塗り絵
②折り紙
③歌
④お遊戯
⑤簡単な体操
⑥簡単なクイズやゲーム

もし、あなたがデイサービスに通うようになったとしたら、塗り絵や折り紙をしたいですか？　もし、ある分野のプロとして矜持をもってこれまで働いてきたお母さんやお父さんが、折り紙で作った鶴を持って帰ってきたらどう感じますか？

このように、デイサービスが用意するレクリエーションの中には幼稚なものが多く、利用者全員が喜んで参加しているとは言い難いのが実情です。

もちろん、当施設でもこれらのレクリエーションを行う場合はありますが、前述したように参加を強制することはありません。

さらに、当施設では、ゲストが参加したくなるようなレクリエーションを考えるようにしています。ゲームのレクリエーションのほかに、先生としてのレクチャーやキャストの指導係、季節を感じる野菜や花を作る園芸、家事を行うレクリエーションなどがあります。

次節では、当施設で実際に行っているレクリエーションの中で、人気の高いものをいくつかご紹介します。

advice & focus

㊳ デイサービスのレクリエーションには幼稚なものが多く、利用者全員が喜んで参加しているとは言い難い

㊴ レクリエーションへの参加を強制しない

2 母校や水族館にみんなで出かける

まず1つ目は、**外出**です。

外出というと、近所を散歩するようなイメージを持たれるかもしれませんが、当施設が行っているのは、クルマで出かける外出です（写真1）。

これまで、本当にいろいろなところに出かけてきました。

たとえば、ゲストの母校やゲストが昔住んでいた場所など、思い出の地を訪れることもあれば、水族館や銀座のデパートに出かけることもあります。

このような外出を行っているデイサービスは少ないのが実情です。ほとんどないといっても過言ではないかもしれません。

しかし、私はデイサービスの仕事を始める前の構想段階から、外出はぜひ実施したいと考えていました。

なぜなら、ずっと施設内にいるよりも、外に出たほうが楽しいですし、気分転換にもな

写真１　クルマでの外出は人気の高いレクリエーションの一つ

ると思ったからです。また、ゲストの生活は施設内だけで営まれるものではなく、施設だけがゲストの生活空間ではありません。施設は、一緒に生活をする場であって、一緒に同じことをする場ではないのです。

実際に、外出はゲストからご好評をいただいています。

天候が悪く外出できない日は、グーグルのストリートビュー*6で、ゲストの実家を見に行ったり、ゲストが新婚旅行で訪れた場所を見に行ったりしています。

パソコン画面上の「外出」ではありますが、これもゲストに非常に喜ばれています。

advice & focus

㊵ クルマで外出する

㊶ 施設だけがゲストの生活の場ではない

＊6 **ストリートビュー**――世界中の多くの地域をグーグルマップ（地図）上で仮想的に立体表示したもの。数百万ものパノラマ画像で構成されている。バーチャル・リアリティの技術によって、現実をもとにした街などの仮想空間をあたかも歩き回って見ているような感覚を味わえる。

3 YouTubeでカラオケを、iPadで麻雀ゲームをする

カラオケも当施設で人気のあるレクリエーションの一つです。

カラオケをやるにはカラオケマシンがないとできないと思っている人もいるかもしれませんが、今はインターネットに接続しているパソコンやタブレットがあれば、マシンがなくても楽しめます（実際にカラオケに行くこともあります）。

なぜなら、ＹｏｕＴｕｂｅにはほとんどの曲のカラオケ動画がアップロードされているからです。

ゲストが歌うカラオケのジャンルは演歌から歌謡曲までさまざまで、皆さん本当に楽しそうに歌われています。

もちろん、なかにはカラオケがあまり好きではないゲストもいますが、そういう方には当然、無理強いすることはありません。

そういう方々は、カラオケには参加せずに、自分たちの好きなことをしてレクリエーションの時間を過ごされています。

たとえば、その一つが麻雀ゲームです。

実際に麻雀をするとなると、4人のメンバーが必要ですが、麻雀をしたいゲストが4人集まることはなかなかありません。

そこで、当施設ではiPadの麻雀ゲームで楽しんでもらうようにしているのです。これであれば1人でプレイできます（写真2）。

ほかにも、iPadで将棋や囲碁、オセロなどのゲームを楽しんでいるゲストの方もいます。

写真2　iPadの活用

高齢者にコンピューターが扱えるのかと思われるかもしれませんが、ゲームの操作方法は簡単ですので、高齢者の方も問題なく使うことができます。キーボードやマウスを使わないため、パソコンよりも手順が少ないのです。

このように、YouTubeやiPadを活用したレクリエーションもお年寄りには好評です。お父さんが「iPadの使い方を覚えてきた」と言って、ご自宅でも操作されるようになるケースもあります。

advice & focus

㊷ YouTubeやiPadを活用したレクリエーション

4 家庭菜園でキュウリやトマト、ゴーヤを育てる

何かを作ったり育てたりするレクリエーションもゲストに人気があります。

その一つが、家庭菜園でキュウリやトマト、ナス、ゴーヤなどの野菜を育てることです（写真3）。

実際、当施設では畑を借りて野菜を育てていた時期もありましたが、畑の契約期間が満了になってしまったため、現在はプランターで野菜を育てています。

このような野菜作りを行っている施設は多いと思いますが、それはお年寄りにとって**長期の目標を設定する**のが良いことだからです。

写真３　家庭菜園で野菜を育てる

具体的には、長期の目標は、ゲストに育てる楽しみと、収穫して食べる楽しみや、季節の移り変わりを感じる喜びを与えてくれます。

さらに、野菜を育てることが生きがいになる方もいます。

このほか、おやつ作りも人気です。

みんなでワイワイおしゃべりしながら、クッキーやケーキ、パンを焼いたり、たこ焼きを作ったりしています。また、梅干しや干し柿、干物や味噌を作ったりします。

このようなおやつ作りや味噌作りは、手を動かすだけでなく頭も使いますので、生活リハビリの一環としてとても効果があるのです。

advice & focus

㊸ 家庭菜園で野菜を育てるレクリエーション

㊹ おやつ作りのレクリエーション（生活リハビリの一環）

5 特技を持つキャストやゲストが先生になる

当社ではキャストの特技を生かして、レクリエーションの時間に書道教室やヒップホップダンス教室を開催しているという話をご紹介しましたが、実はこれ以外にも当施設のキャストの中には、いろいろな特技を持った人たちがいます。

たとえば、大正琴、ギター、ウクレレが弾ける人や、オカリナを吹ける人です。

このようなキャストたちは、音楽レクリエーションやイベントの時間に定期的に演奏をしてくれています。

一方、ゲストの中にもいろいろな特技や才能を持った方がいます。

前述したように、以前、糠漬けが得意なゲストの方がいて、その方に美味しい糠漬けの作り方を教えてもらったこともありました。このときの生徒は主に当施設のキャストたちで、この糠漬け教室はキャストたちに大好評でした。

また、その方も「この歳になって、先生のようなことをやるとは思わなかった」と言いながらも、教えることにやりがいを感じていたようです。

ほかにも、キャストたちは人生の大先輩であるゲストの方々に、いろいろと相談に乗ってもらっているようです。

たとえば、子育て中のキャストは子育てについて相談に乗ってもらっていますし、健康に関心のあるキャストは長生きの秘訣を聞いたりしています。また、ゲストとの関わりのなかで怒られてしまったときなどは慰めてもくれます。

このように当施設では、キャストが先生になることもあれば、ゲストの方が先生になることもあるのです。

advice & focus

㊺ キャストが先生になる、ゲストが先生になる

第7章

認知症や脳梗塞、歩行困難に変化が見られた！

目的を持てば、自立した生活を取り戻せる

1 なぜ当施設のゲストはどんどん元気になっていくのか？

おりです。

デイサービスの目的の一つが、ゲストの「自立支援」であることはすでにお伝えしたと

ですから、この目的に沿ったサービスが提供されていれば、ゲストが元気になっていくのはある意味で当然といえます。ただし間違ってはいけないのは、**その方の生活と限られた時間の使い方を、その方自身で決められる環境があるかどうか**です。

ところが、世の中にはこの目的を意識していないデイサービスも存在していますので、そういうデイサービスに通ってしまうと、元気になるどころか、生きる気力を徐々に失っていってしまうのです。

ちなみに、当施設のゲストの中には、認知症の進行が和らいだり、自分で食事ができなかった人が自分で食べられるようになったり、車イスの生活だった人が自分の足で歩けるようになったりするケースがたくさんあります。

では、なぜ当施設のゲストはそれほどまでに回復していくのでしょうか？

その理由は、繰り返しますが、当施設ではキャストがなんでも先回りしてやってあげるのではなく、ゲストが自分でできることは自分でやってもらうように、**「待つこと」**を徹底しているからです。

なんでもやってもらったほうがゲストはラクでいいのかもしれません。

またキャストにとっては、食事一つとっても、自分で食べていただくよりは、食べさせてあげたほうが時間どおりに効率よく仕事を進めることができます。

しかし、当施設ではゲストの回復を第一に考え、たとえ時間がかかっても、できるだけお世話されたくない気持ちを大切にし、ゲストに動いてもらうようにしているのです。

advice & focus

㊻ ゲストの生活と時間の使い方を、その方自身で決められる環境

㊼ 自分でできることは自分でやってもらうように、「待つこと」を徹底する

2 筋肉は使わないと1日に1%ずつ減っていく

病気やケガで入院した経験のある人ならわかると思いますが、病院のベッドでずっと寝たきりの生活を続けていると、足の筋肉が減って足が細くなります。

どれくらい減るかというと、筋肉の場合、使わないと1日に1%ずつ減っていくといわれています。

NASAの報告によると、宇宙飛行士が無重力状態の宇宙に1~2週間滞在すると、膝関節を曲げる筋肉は6%、膝関節を伸ばす筋肉は12%低下するそうです。さらに、腰を曲げる筋肉にいたっては、実に23%も低下するといわれています。

そのため、このような筋力低下を防ぐ目的で、宇宙飛行士は宇宙空間において、多いときで1日3~4時間も筋力トレーニングをしているのです。

同様に、高齢者も寝たきりのままや、車イスの生活を続けていると、どんどん弱っていきます。

逆に、ゆっくりでも、動くところを少しずつでも動かしていれば、次第に動くようになるのです。安全かつ適切に、現有能力や潜在能力を引き出せるように関わっていきます。ですから、当施設では、たとえ食事や入浴に時間がかかっても、できるだけ自分でやってもらうようにしているのです。

また当施設では、目的のないトレーニングをするのではなく、普段の生活の中で楽しみながら日常生活に必要な筋力をつけるために、体を動かしてもらうように心がけています。

さらに、お皿を拭く係や掃除機をかける係、洗濯物をたたむ係など、できる人にはそれぞれ**「役割」**を担当してもらうようにしています。

実はこの、役割を持ってもらうことが重要です。役割があることで、ゲストの方々は人の役に立っていることを実感できるのです。そして、明日以降の「予定」ができます。「また明日会いましょうね」という挨拶が出るのもそれが理由ではないでしょうか。

advice & focus

㊽ 筋肉の場合、使わないと1日に1％ずつ減っていく

㊾ お皿を拭く係や掃除機をかける係など、役割を担ってもらう

第7章

3 500㎖のペットボトルを持てなかった方が子どもを抱っこした！

当施設では、生活リハビリだけでなく、手足が動かなくなった高齢者に対して機能訓練*7を実施することもあります。

しかし、この機能訓練がひと苦労なのです。

なぜかというと、筋力が落ちている高齢者を歩かせたり、重いものを持たせたりすることは、高齢者にとっては苦痛以外の何物でもないからです。

ところが、この機能訓練も目的を持つと、今まで嫌だったことが積極的にやりたいことに変わるから不思議です。

中村三郎さん（89歳／仮名）は、3年前に連れ合いのおばあちゃんをなくして当施設にやってきました。

中村さんはゆっくりですが、自分で歩くことができます。

しかし、加齢とともに、身体全体の筋力が衰え、手でペットボトルなどの重いものが持てなくなってしまったのです。

施設の食事に出るうどんの丼ぶりを持ち上げるのもたいへんそうです。

この中村さんに対して、施設では筋力トレーニングを勧めていました。

ただし、鉄アレイだと落としたときに危ないので、プラスチックのアレイ（500g）を上げ下げするのですが、中村さんはこのトレーニングがとても嫌いで、5〜6回持ち上げると、すぐに投げ出してしまっていました。

当施設では、ゲストがトレーニングをするかしないかはすべて自由なので強制することはしていません。

キャストたちは、「ああ、中村さん、またか。仕方がないね」と、残念に思っていました。

ところが、しばらくして、中村さんが自主的に500gのプラスチックのアレイを持って、筋力トレーニングを始めたのです。

しかも、左右の手に1本ずつです。

写真４　施設に子どもがいると、お年寄りは元気になっていく

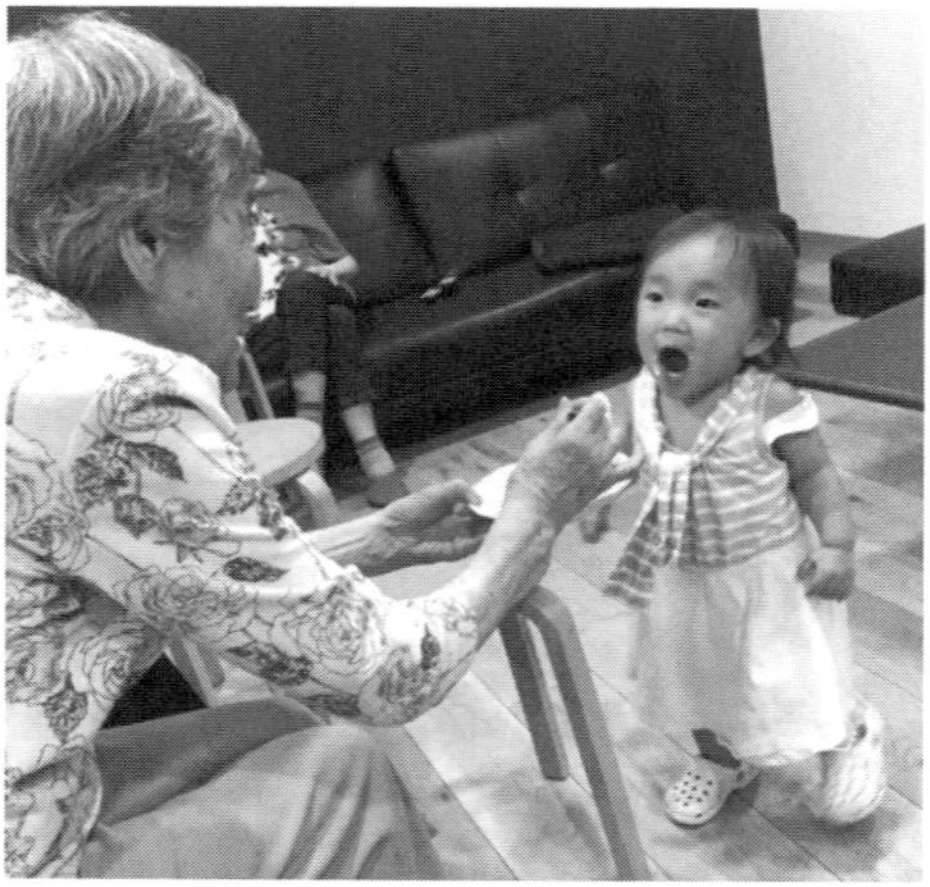

「中村さん、どうしたんですか？」とキャストが驚いて聞くと、彼は笑って言いました。

「子どもを抱っこするために、がんばることにしたんだよ」

施設の中では、何人か職員の子どもが遊んでいることがあります。

中村さんは先日、２歳になる子どもを抱っこすることができなかったため、それがたいへんショックだったのです。

そこで、なんとか子どもを抱っこできるようになろうと、筋力トレーニングを始めたわけなのです。

しかも、今まであれほど嫌がっていた筋力トレーニングをやっているときには、顔が輝いていました。

施設の中に子どもがいると、お年寄りはどんどん元気になっていきます（写真4）。

これは、海外の高齢者施設でも科学的に証明されている事実です。

それから1カ月後、なんと中村さんは楽々と子どもを抱っこすることができるようになっていました。

高齢者が年齢とともに筋力が衰えていくのはどうしようもないことで、打つ手がないと思われがちですが、子どもとの遊びがきっかけで、劇的に機能訓練が進んだのです。

advice & focus

㊿ 目的を持つと、今まで嫌だった機能訓練が積極的にやりたいことに変わる

51 施設の中に子どもがいると、お年寄りはどんどん元気になっていく

＊7 **機能訓練**——看護師や准看護師職員、理学療法士、作業療法士、柔道整復師、あん摩マッサージ指圧師などの「機能訓練指導員」が主に行う、生活機能の維持・回復を目的とする訓練のことです。

4 子どもたちのために絵本を読むことで認知症の進行が和らいだ！

子どもたちに絵本を読んであげることで、認知症の進行が和らいだおばあちゃんもいました。

山川トキ子さん（86歳／仮名）は当施設に来られたときには、かなり認知症が進行していました。

ところが、キャストの子どもたちが「おばあちゃん、絵本を読んで」と持ってきた絵本を読んであげようとしたのがきっかけで、なんと絵本の一文字一文字を指で追いながら、絵本が読めるようになったのです。

山川さんは、最初は目で字を追うことがあまりできませんでした。

しかし、おばあちゃんが自分の孫にしてあげるように、この子のために絵本を読んであげたいという気持ちから、声に出して絵本を読む練習を始めたのです。

すると、山川さんの脳がどんどん若返っていきました。

最初は途切れ途切れだった朗読の声も、徐々にはっきりとしてきて大きくなり、最近ではとてもハキハキと本を読めるようになりました。

子どもたちのために本を読もうとした訓練が、自分自身の脳トレにつながったのです。

「誰かのために」という気持ちを持つことが高齢者の力を取り戻すこともある、ということを学んだ事例でした。

advice & focus

㊾「誰かのために」という気持ちを持つことが高齢者の力を取り戻す

5 「主人の車イスを押したい」との一心で、自立した生活ができるように

鈴木幸子さん（87歳／仮名）も、目的を強く持つことによって、自立した生活ができるようになるまで回復された一人です。

鈴木さんには入院されているご主人がおり、「主人が退院したら、主人の車イスを押してあげたい」という思いがありました。

ただし、鈴木さん自身、高齢のためにかなり体力が低下しており、家のことが一人で満足にできる状態ではなかったため、キャストに来てもらっていたのです。

しかし、「このまま家にいて何もしない生活を送っていては、どんどん弱っていくだけだ」と思った鈴木さんは、「少しでも体力を回復させて、家のことを一人でできるようになりたい」との思いで、当施設に通い始めました。

当施設に通い始めた当初は、出かける際の準備が一人でできなかったため、送り出しのたびにキャストに来てもらわなければいけない状態でした。

また、当施設に来られてからも、体力の低下が激しい状態だったため、1日の大半をベッドで横になって過ごすことがほとんどでした。体調が悪いと、欠席されることもしばしばありました。

それでも、来所されたときにはできるだけ水分摂取を促したり、体調が良い場合は施設の家事の手伝いをお願いしたりするようにしました。

そのような生活を続けていくうちに、施設のベッドで横になっている回数が減り、家事の手伝いをしてくださる回数が徐々に増えていったのです。

そして、入所してから2カ月が過ぎたころからは、出かける準備が自分でできるようになり、送り出しのキャストへの依頼もやめられました。

また、一人でご主人のお見舞いに行けるほどまでに体力が回復し、今ではときどきご主人のお見舞いに行かれているようです。

さらに、現在は進んで施設の家事のお手伝いをしてくださいますし、ほかのゲストを助けて下さっています。

鈴木さんの最近の口癖は「人の世話になりたくないし、迷惑もかけたくない」。

その言葉どおり、今では自分のことは何でも自分でできるまで回復され、自立した生活を送っておられます。

advice & focus

53 目的を強く持てば、自立した生活を取り戻せる

第7章

6 車イス生活だったのが、歩行器で歩けるまでに回復！

当施設に来られたときには歩行困難で、ずっと車イス生活だったゲストが、自分の足で歩けるまでに回復したケースはたくさんあります。

加藤正子さん（84歳／仮名）は体調を崩して入院したことがきっかけで、足腰がかなり弱ってしまい、退院してからはずっと寝たきり状態だったそうです。

加藤さんは当施設に通うようになられてからも、常に車イスを使用し、疲れたときはベッドで休まれていました。ですから、機能訓練やレクリエーションなどにはほとんど参加されませんでした。

キャストたちは加藤さんになんとか歩けるようになってほしいと思っていましたが、本人にその意欲がなかったため、じっと見守るだけの日々が続いていました。

そんなある日のこと。加藤さんに変化が表れたのです。

加藤さんは、車イスを使っているほかのゲストが、キャストの声かけで機能訓練やレクリエーションに参加し、がんばっている姿を見て、「私もまた歩けるようになりたい！」と思うようになったのです。そして、自らキャストに「歩く練習をしたい」と申し出られたのです。私たちは早速、看護師、機能訓練指導員、キャスト全体で加藤さんの歩行計画を見直し、まずは立ち上がりの練習から開始することにしました。

加藤さんはたまに練習をさぼる日もありますが、「やっぱり歩かないと、次の日がしんどい」と言いながら、おおむね毎日積極的に練習に取り組んでいます。

加藤さんが練習に取り組み始めてから約2カ月がたった今、加藤さんは4点歩行器＊8を使えば、自宅の玄関から送迎車まで一人で歩いてこられるようになりました。

施設内でも「今日はあそこまで歩くわ」と自ら目標を設定し、積極的に練習に取り組んでおられます。

advice & focus

㊿ 他のゲストの姿を見て歩行訓練を開始し、車イスから歩行器へ

＊8　**4点歩行器**——4脚のフレーム構造でできている歩行補助具。人の支えがなくても自立し、手で持ち上げて、一歩ずつ杖のようにつきながら歩くことができます。固定型、交互型、キャスター付きなどがあります。

7 脳梗塞で全介助の人が2カ月で自分で食事ができるまでに回復！

当施設に通っていた矢島啓介さん（81歳／仮名）が、自宅で脳梗塞で倒れられたのはおよそ半年前のことでした。

幸い一命はとりとめられたものの、腕と足に麻痺が残ったため、サポートなしでは生活できない状態となってしまったのです。

その後、矢島さんはリハビリ専門病院に移られ、２カ月間リハビリに取り組まれましたが、あまり回復はしませんでした。

そこで矢島さんは「このままリハビリ病院にいるよりも、慣れ親しんだクローバーに戻りたい」という意向で、当施設に戻ってこられたのです。

戻ってこられた当初の矢島さんは、本当に食事も入浴も一人ではできない状態でした。

しかし、キャストは元気なころの矢島さんの姿を知っていましたので、キャスト一同の「矢島さんに元の姿に戻ってほしい！」との強い思いから、根気強く生活リハビリを続けていったのです。

最初のころは、矢島さんは食事の際、スプーンも満足に持てない状態でした。キャストが矢島さんに手を変え品を変え、スプーンを持たせようとするのですが、矢島さんは落としてばかりです。

しかし、キャストは諦めず、来る日も来る日も矢島さんがスプーンを持つのを見守り続けたことで、少しずつ自分でスプーンが持てるようになっていったのです。

それから約2カ月が経った今では、矢島さんは自分でスプーンを持てるようになりました。さらに、ゆっくりではあるものの、自分でご飯を口に運ぶこともできるようになったのです。

「まさか自分でご飯が食べられるようになるとは思わなかった」という矢島さん。

次の目標は、自分の足で歩けるようになることだそうです。

advice & focus

㊺ 全介助からでも、根気よくリハビリをすれば回復は可能

8 失語症で無表情だった方が会話ができるようになり、笑顔も増えた

都内で一人暮らしをされていた富永大作さん（83歳／仮名）がケアマネージャーの紹介で当施設に来られたときは、失語症のような状態で、ほとんど話をすることができませんでした。また、ほぼ無表情で、生気が感じられない状態でした。

当初、富永さんはキャストの呼びかけにもほとんど反応しませんでした。

それでも、キャストは諦めることなく、声をかけ続けました。

また、富永さんとの信頼関係を築くために、キャストが自分自身のことを積極的に話すようにしました。

そうこうしているうちに、富永さんも少しずつ心を開いてくれるようになり、ときおり優しい表情も見せてくれるようになりました。

また、最初はまったく参加しようとしなかったレクリエーションにも参加するようになっていったのです。

そして約1カ月が過ぎたころ、富永さんに大きな変化が表れました。それまでまったく話さなかったのが、少しずつ言葉を発するようになったのです。失語症が改善の兆しを見せた瞬間でした。

advice & focus

㊱ 失語症のゲストが1カ月で言葉を発した

9 家族の名前を忘れていたゲストの記憶がどんどん蘇ってきた

当施設のゲストの中には認知症の方がたくさんいらっしゃいますが、増田妙子さん（84歳／仮名）もそのうちの1人でした。

増田さんが娘さんに連れられて当施設に来られたのは、今から約1年前のこと。娘さんの話によると、増田さんは認知症の症状が進行していて、家でボーッとしていることが多く、物忘れもひどくなり、たまに娘さんの名前すら忘れてしまうこともあったといます。

幸い、まだ徘徊はなかったものの、気に入らないことがあるとときどき癇癪を起こすこともあったようです。

だからといって私たちは、「認知症だから仕方がない」と諦めることはしません。

これは増田さんだけでなく、ほかの認知症のゲストの方に対しても同じです。当施設では認知症のみなさんに対して、「諦めない」をモットーにしているのです。

ですから、増田さんの場合も、認知症の進行を少しでも和らげようと、キャストたちはできるだけ増田さんと密にコミュニケーションを取るようにしたのです。

また、脳に刺激を与えるために、体を動かしてもらうようにしたほか、レクリエーションなどを通して、ほかのゲストとも積極的に関わってもらうようにしました。

その結果、当施設に通ってこられるようになってから約3カ月後には、増田さんの脳の中で何らかの変化が起こったようでした。

娘さんの名前を思い出したのです。忘れなくなったと言ったほうが正しいかもしれません。キャストたちがあの手この手で増田さんの脳に刺激を与え続けたことで、残っていた能力を発揮できるようになったのではないかと思います。

それに伴い、施設に来てボーッとすることもなくなり、痼癪を起こす回数もどんどん減っていきました。

そして、今では認知症だと言われなければわからないくらいに、認知症の症状が出る頻度が少なくなったのです。

このようにケアする側が諦めさえしなければ、回復は難しいと言われる認知症でも、周辺症状が出るのを抑えたり、進行を和らげたりすることはできるのです。

advice & focus

㊼ 認知症であっても、諦めなければ進行を和らげたり、周辺症状を抑えることが可能

第8章

良いデイサービスのキャストは仕事に誇りを持っている

高齢者は存在するだけで世の中の役に立っている

1 高齢者は存在するだけで世の中の役に立っている

ケアといえば、高齢者は「ケアされる人」で、スタッフは「ケアする人」というイメージをお持ちの方も多いのではないでしょうか。

しかし、このようなイメージを持ってしまうと、高齢者は「ケアしてもらって申し訳ない」という気持ちになりがちですし、スタッフは「ケアしてあげている」という思考に陥りやすくなります。

残念ながら、高齢者とスタッフの中にこのような意識の人がいるのは事実です。

しかし、私はケアについてこのようには考えていません。

私は「ケアさせていただいている」と考えています。

なぜなら、高齢者は存在するだけで世の中の役に立っているからです。

つまり、高齢者がいるからこそ「ケア業界が成り立っていて、数多くの雇用を生み出している」と言っても過言ではないのです。

良いデイサービスはキャストで決まるということは前にも述べたとおりですが、良いデイサービスのスタッフたちは、「ケアしてあげている」ではなく、「ケアさせていただいている」という気持ちで仕事をしているのです。

あなたは、どちらのデイサービスに通いたいですか？

advice & focus

㊽ 高齢者は存在するだけで世の中の役に立っている

㊾ 「ケアしてあげている」ではなく、「ケアさせていただいている」

2 良いデイサービスはスタッフが辞めない

介護業界は慢性的な人手不足だと言われています。

その原因の一つが、スタッフの離職率の高さです。

平成28年度の「介護労働実態調査」によると、介護業界の離職率は16・7%となっており、5〜6人に1人が職場を去っているのです。

その一方で、介護業界は労働環境が厳しいというイメージがあるため、応募者が少ないという事情もあります。

ですから、スタッフが一人辞めると、その抜けた穴はそう簡単には埋められません。こうしたことから、多くの介護施設では慢性的な人手不足に陥っているため、どうしても「効率」を重視せざるを得なくなるのです。

しかし、良いデイサービスではスタッフが辞めません。ですので、慢性的な人手不足になることはありません。

その結果、「効率」よりもゲストの「自立支援」に重点を置いたケアサービスができるのです。

advice & focus

⑥⓪ 良いデイサービスではスタッフが辞めない

⑥① キャストが辞めないので、「効率」よりもゲストの「自立支援」に重点を置いたケアサービスが可能

3 ケアの仕事に誇りを持っているキャスト

今後ますます高齢者が増え、ケアは日本で最も大事な仕事になります。

なぜなら、人間として生まれた限り、「生老病死」は決して避けられないからです。

誰でも年をとり、病気になり、そして死んでいきます。何の痛みも経験せずに死ぬ人はほとんどいません。

だからこそ、ケアの仕事に携わる人が必要であり、大切なのです。

高齢者の痛みや苦しみをほんの1％でもいいので和らげてあげられる存在。人生の最期を有意義に過ごすお手伝いができる存在。そのような仕事に誇りを持てないはずがありません。

どれだけ高齢者を幸せにできるか——。それを目指す仕事がケアの現場なのです。

私は高齢者に対して心から感謝しています。

それは戦後、廃墟と化した街をゼロから復興し、街を作り、家を建て、そして日本経済を世界一に発展させてくれたからです。

世界一平和で、安全で、清潔で、モノが十分にある豊かな日本を作ってくれたのが、今のおじいちゃん、おばあちゃんたちです。

日本を支えてくれた人たちに、今、自分たちが日本人を代表して恩返しをしている。

そういう意味でケアの仕事というのは、日本一誇りの持てる仕事といえるのではないでしょうか。

私はそのような気持ちで仕事をしていますし、当社のキャストたちもその思いを共有してくれています。

advice & focus

62 どれだけ高齢者を幸せにできるかを目指すのがケアの現場
63 日本を支えてくれた人たちに、日本人を代表して恩返しをする

4 高齢者の「やりたい」を一緒に実現する喜び

介護施設によっては、ゲストの外出を一切禁止しているところがあります。また、ゲストがやりたいことをさせてもらえない施設もたくさんあります。

しかし、ゲストにとって理想的な施設とは、ゲストのやりたいことを、キャストたちが一緒になって実現してくれる施設ではないでしょうか。

たとえば、一緒に料理を作ったり、子どもを抱っこしたり、みんなでお散歩をしたり、ゲストの思い出の場所に行ったりするといったことです。

特に、昔住んでいた場所に行くと、当時の記憶が鮮明に蘇るようで、脳トレにも効果があります。

あなたは「あれもダメ、これもダメ」と禁止事項の多い施設に入りたいですか？

また、自分よりも若い子からの許可を得なければ何もできないような施設に入りたいですか？

私は入りたくありません。働くキャストたちも同じ気持ちです。

ゲストのやりたいことを禁止するより、一緒に実現してあげたいのです。

高齢者だからといってやりたいことがないと思うのは間違いです。

人はいくつになっても夢や望みを持っています。

良いデイサービスでは、高齢者の夢を応援し一緒に実現していけるので、キャストたちもやりがいや喜びを感じながら働くことができるのです。

advice & focus

64 ゲストがやりたいことをキャストが一緒になって実現してくれる施設

65 人はいくつになっても夢や望みを持っている

5 気配り・目配り・心配りができるキャストが多い

良いデイサービスは効率重視ではなく、ゲストの自立支援を目的としたサービスを行っていることはすでに述べたとおりです。

そして、自立支援のサービスの基本は、なんでもかんでも先回りしてやってあげるのではなく、できるだけゲストをほったらかしにし、ゲストが自分でできることは、できるだけ自分でやってもらうようにすることです。

ただし、ゲストから目を離すことはありません。常に**「目配り」**が必要です。

なぜなら、もしゲストが転んでケガをしたら、骨が折れて、その結果、車イスに座りっぱなしになり、一生立てなくなる可能性が高いからです。

また、ゲストのちょっとした変化に気づく**「気配り」**ができることも大事です。

たとえば、「顔色がすぐれないので体調が悪いのではないか?」「ふくらはぎがパンパンになっていたら腎臓の病気ではないか?」など、毎日きちんとお世話をしていると、小さな変化にも自然に気づけるようになります。

さらに、相手の気持ちになって相手の喜ぶことをしてあげる**「心配り」**も大事です。

これはキャストだけに必要な資質ではなく、家庭でも会社でも、人間としていちばん大切な能力です。

ゲストの自立支援を目的とした良いデイサービスで働くキャストたちは、ゲストを見守ることが仕事なので、この「目配り・気配り・心配り」が自然と身についていきます。

ですから、良いデイサービスには気配り・目配り・心配りができるキャストがたくさんいるのです。

このようにきちんとした見守りができる施設のほうが、ゲストとしては安心ですし、自立にもつながります。

一方のキャストもゲストが回復していく姿が見られるので、やりがいにつながります。キャストがなんでもやってあげることは、一見、優れたサービスのように思えますが、実はキャストの自己満足であるケースが多いといえるでしょう。やってあげることは、キャスト自らの不安を軽減させるだけなのです。

advice & focus

⑯ デイサービスに必要なのは「気配り」「目配り」「心配り」

6 家族からも「ありがとう」の手紙が届く

多くのデイサービスでよく見られる光景といえば、ゲストがキャストに対して「ありがとう」とお礼を言っている姿です。

世の中には「ありがとう」がもらえる仕事はたくさんありますが、私はケアこそ、日本一「ありがとう」がもらえる仕事ではないかと思っています。

ゲストから直接「ありがとう」と言ってもらえることはもちろんですが、ゲストのご家族からも感謝の手紙をいただくことがあります。

実際に、当施設でも過去に何度か次のような内容の手紙を、ゲストのご家族の方から頂戴したことがありました。

「クローバーに入れて、母は幸せだったと思います。母のやりたいことをやらせてくださって本当にありがとうございました」

「ほかの施設は嫌がって行かなかったのに、おたくの施設には毎日喜んで出かけていました」

「父の残りの人生を幸せに見送ってくださってありがとうございました」

ゲストのご家族からこんな手紙をもらったら、うれしくないはずがありません。より一層がんばって良いケアをしようという気になります。

良いデイサービスでは、このような**好循環**が起こっているのです。

advice & focus

㊼ 介護こそ、日本一「ありがとう」がもらえる仕事
㊽ 感謝と良いサービスの好循環

7 若いキャストたちにとってゲストは人生の先生

デイサービスで聞かれる「ありがとう」の言葉は、ゲストからキャストに向けられたものだけではありません。

実は、良いデイサービスでは、キャストからゲストに対して「ありがとう」という言葉が発せられることも多いのです。

高齢者たちは長く生きてきた分だけ、たくさんの知識や知恵やノウハウを身につけています。まさに「亀の甲より年の劫*9」なのです。

ですから、人生経験の少ない若いキャストたちにとっては、ゲストの方々から教わることはとても多いのです。

たとえば、当施設のキャストの中に、結婚してかなり経つのになかなか子どもができなくて悩んでいる女性がいました。

そのキャストがおばあちゃんに相談したところ、おばあちゃんから「夜寝る前に白湯《さゆ》を飲みなさい」と言われました。

そこで、そのキャストは言われたとおりに毎晩白湯を飲むようにしたのです。

その結果、身体を温める生活を続けているうちに血流が良くなり、ついに妊娠し、子どもを授かったそうです。

また、私自身もゲストの方から教わることがたくさんあります。

その一つが、かつてホストクラブを経営されていたという90歳のママさんから教わった、人を見極める方法です。

アルバイトの採用面接をした女性キャストを、そのママさんに見てもらったところ、「あの人は採用しなさい。あの人はダメよ」とアドバイスをくれたのですが、その評価が100%当たっていたのです。

ほかにも、キャストたちがおばあちゃんやおじいちゃんから学ぶことはたくさんあり、キャストたちはゲストの方々に感謝しているのです。

つまり、良いデイサービスでは、ゲストの方々もキャストたちから「ありがとう」と言ってもらえる機会がたくさんあるのです。

advice & focus

⑲ キャストからゲストへの「ありがとう」

⑳「亀の甲より年の劫」。ゲストの方から学ぶことはたくさんある

＊9 **亀の甲より年の劫**――豊富な経験を持つ年長者の知識や知恵は貴重であるという意味のことわざです。「甲」は甲羅のこと。「劫」はきわめて長い時間を表します。「甲」と「劫」の同音をかけています。

Information 5

ぜひ読んでほしい「フレディの遺言」

湘南長寿園病院院長のフレディ松川先生が書かれたメッセージをご紹介します。

松川先生は、もしご自身が認知症の老人になったら、その時、先生を介護してくれる介護者に、次のようなことをお願いしておきたいと思われたようです。

これらのお願いは、決して難しいことでもなければ、介護者を精神的、あるいは金銭的に苦しめることでもありません。ほんのささやかなお願いです。

私たちの肉親が認知症になったとき、このメッセージを心に刻んで、介護することを望み、ここに記載いたします。

また、このメッセージは介護に対する当社の基本姿勢の柱でもあります。

＊　＊　＊

フレディの遺言
——私を介護してくれるあなたへのメッセージ

私が医者であったことをまず忘れてください。知識は遠いかなたへ消えさり、いまでは人の助けなしには一日も暮らせない別の人間になってしまっているのです。

そんな私にあなたは静かに話しかけてくださいね。

決して大きな声で私に話しかけないでください。あなたが大きな声で話すと、たとえあなたが怒っていなくても、私はあなたになんだかとても強く叱られたように感じて、怖くなってしまいます。

本来、やさしいと思っていたあなたに、「えっ、なに！　おじいちゃん」「なにやってるのよ！」などと言われるたびに、私は恐怖におののくのです。

あなたが何か、私にさせたいのであれば、静かにゆっくりと話してください。

また、私は変なことを言うかもしれません。

たとえば「蛇がいる」と私が言ったら、「なに言ってるの、蛇なんかいないわよ！」と大声で言うのではなく、「どうしたの？　蛇はどこにいるの？」「どうしたいの？」「じゃ、蛇をどかしましょうね」とやさしく尋ね、そして、私が何を要求しても、その要求をまず受け入れてほしいのです。

私が「ごはん、まだか」と聞いた時も、「さっき、食べたでしょ！」と大声で叱るのではなく、「おなかがすいたの？　じゃ、これ食べる？」と言って、クッキーの一枚でも私に与えてくださいね。

三度の食事のたびに、箸をうまく使えなくなり、食事をこぼしたりします。ですから、指を使って食べることもあるかもしれません。その時は、無理に箸を使わせようとせず、そのまま自由に食べさせてくださいね。

また、疲れてパジャマに着替えることもなく、そのままの姿で寝てしまうかもしれません。布団の上で寝ないこともあるかもしれません。その時も、ふとんをそっとかけてくれるだけでいいのです。

あなたを悩ますことのひとつに、私はあなたに「家に帰りたい！」と言うにちがいありません。

その時の私の心のなかは、とても不安定な状態にあるのです。

ですから、私が「家に帰りたい」と言ったら、家に帰る、帰れないという問題ではなく、まず、私が不安を抱えているということをわかってください。

そしてしばしば、私は自分の感情のコントロールがうまくできません。

ですから、大変に気むずかしくなって、その日の気分によって、意地悪なことをあなたに言ってしまうかもしれません。また、あなたの気に入らないことをするかもしれません。

実は、その時の私の気分は最悪で、私自身もその気分が嫌で嫌でしかたがないのです。でもどうしようもできない。そこで、つい、あなたの言うことに反発したり、意地悪をしてみたりしてしまうのです。そんな私の心の内を理解してください。その理解がボケた老人には一番必要なものなのです。

そして私の病気の最大の特徴は、とても忘れっぽくなっていることです。

あなたが何度、怒っても、なんで怒られているか忘れてしまいますし、あなたが怒ったこと自体も忘れてしまいます。ですから、あなたが怒ったこと、大声を出したことを「なんで、あんなに怒ってしまったのだろう」などといつまでも後悔しないでくださいね。

私は、とうに、そんなことも忘れているのですから。

もちろん、忘れっぽいために、水道を出しっぱなしにしてしまったり、火の始末もできなくなってしまいます。ですから、そういうことを私ひとりでさせないでください。できれば、一緒にやってくれたら、こんなに安心なことはありません。

私を、正常だった時と同じ人だと思わないでください。私は何をやっても忘れるという病気なのだ、ということを決して忘れないでください。

こまったことに、いま目の前にいる人が誰だかわからなくなります。

でも、誰だかわからなくても、私は、私の目をしっかり見てやさしい声で話しかけてくれる人が大好きです。私は、その人が誰であれ、そういう人の言うことを聞こうとします。

私に何かさせたかったら、ひとつずつ、させてください。短い言葉で「ごはんよ」

とやさしくいうだけでいいのです。また、私が何かあなたに尋ねたら、やはりひとつずつ短く答えてください。長い説明をされても、私にはそれを覚えることができないからです。

私に何か話しかけようと思ったら、私を見て、私のからだに触れながら、微笑みながら話してくださいね。

私の心がさびしい時、私は自分が育った時代、青春時代の音楽をとても聞きたくなります。それが何という曲だったかは、思い出せませんが、ただ、介護してくれるあなたと、その音楽を一緒に聞いたり、歌ったりしたいと思っています。

私の知性は、確かに衰えています。だから、感性によって生きていかなくてはなりません。その分感性は磨かれているかもしれません。

ですから、音楽以外でも、美しい夕焼けを見るとか、おいしい食事をするとかということをとてもいとおしく思っています。ひょっとしたら、正常だった時よりも、もっと感性は鋭くなっているかもしれないのです。

私に懐かしい音楽を聞かせてください。美しい風景を見せてください。素敵な匂いを嗅がせてください。着ごこちのいい洋服に身をつつみ、おいしい食事を味わわせてください。

私が認知症老人になったとき、私はやさしい人に囲まれて、残りの人生をごく自然に過ごしたいと思っています。

ですから、たとえアリババと四十人の盗賊に囲まれたとしても、私は盗賊のなかでも、一番やさしそうな人のそばにいたいのです。

どうか、私を介護してくれるあなたが、「ボケた心」を理解しているやさしい人であることを祈っています。

『ここまでわかった　ボケる人ボケない人』（フレディ松川著／集英社刊）より

第8章

第9章

大切な人を預ける前にチェックしておきたいこと

デイサービス選びで失敗しないためのチェックポイント

1 24時間365日ケアのデイサービスなら、いざというときも安心

これまで良いデイサービスについていろいろと述べてきましたが、本章ではあらためてデイサービス選びで失敗しないためのチェックポイントをまとめておきたいと思います。

まず、デイサービスは基本的に通所介護サービスです。ですから、利用者は日中だけデイサービスに通い、夕方には自宅に帰ってきますので、夜はご家族が面倒をみなければいけません。

しかし、仕事で疲れていたりすると、世話をしたくないときもあるでしょう。

また、仕事で残業をしなければいけなかったりすると、デイサービスで預かってもらえる時間*[10]を延長してほしいときもあると思います。さらに、泊りがけで出張に行かなければならなかったりすると、デイサービスで泊めてもらえるとありがたいと思うでしょう。

このような延長や宿泊に対応しているデイサービスはそれほど多くはないのが実情です。

しかし、探せば時間の延長や宿泊ができるデイサービスもありますので、いざというときのためにも、そのような対応をしてくれるデイサービスを選んでおくとよいでしょう。

あなたのご両親は、今はまだ元気かもしれません。自宅で一人きりになる時間が多少あったとしても、それほど心配はいらないかもしれません。

しかし、いつどうなるかわかりません。付きっきりで面倒をみなければいけないようになる日が訪れるかもしれません。そうなったときに、24時間365日対応してくれるデイサービスであれば、安心して任せることができるのです。

また、「たまには息抜きで温泉にでも行って、のんびりしたい」というときにも、お泊りデイサービスなら対応してもらえますので、安心して旅行に行くことができます。

ケアするご家族がたまに息抜きの時間がもてるのも、お泊りデイサービスの良さと言えるでしょう。

advice & focus

⑴ 時間の延長や宿泊対応をしてくれるデイサービスを選ぶ

*10 **預かってもらえる時間**――デイサービスの基本となるサービス提供時間は、午前8時から午後6時までです。

第9章

2 高くて良いのは当たり前。安価で良質なサービスかどうかが大事

デイサービスを選ぶ際、利用料金がいくらなのかもチェックしておく必要があります。

デイサービスの利用料金は、利用者の介護度や利用する時間によって金額が変わります。要介護度が高くなればなるほど料金は高くなり、また利用時間が長くなればなるほど、利用料金は上がる仕組みになっています。

施設によって若干の違いはあるものの、利用料金の目安はおよそ次のようなものでしょう。参考までに、当社の料金表を載せておきます（表3）。

このほかに食事代が別途かかるほか、延長サービスや宿泊サービスを行っているところは、それらを利用した場合、延長料金や宿泊料金が別途必要になります。

食事代についてはどこも値段はあまり変わらないと思いますが、問題はそのクオリティです。

デイサービスの中には、コンビニ弁当のような食事を提供しているところもありますの

表3　デイサービスの料金の例（介護保険によりゲスト1割負担の場合）

■ 7時間以上8時間未満【地域密着型通所介護】

要介護度	単位数	利用料	利用者1割負担分	利用者2割負担分	利用者3割負担分	1か月利用回数目安
要介護1	750	8,175	818	1,635	2,453	22日
要介護2	887	9,668	967	1,934	2,901	22日
要介護3	1,028	11,205	1,121	2,241	3,362	26日
要介護4	1,168	12,731	1,274	2,547	3,820	26日
要介護5	1,308	14,257	1,426	2,852	4,278	27日

■ 8時間以上9時間未満【地域密着型通所介護】

要介護度	単位数	利用料	利用者1割負担分	利用者2割負担分	利用者3割負担分	1か月利用回数目安
要介護1	780	8,502	851	1,701	2,551	21日
要介護2	922	10,049	1,005	2,010	3,015	21日
要介護3	1,068	11,641	1,165	2,329	3,493	25日
要介護4	1,216	13,254	1,326	2,651	3,977	25日
要介護5	1,360	14,824	1,483	2,965	4,448	26日

で、値段に見合った食事が提供されているかどうかを事前に確認しておいたほうがいいでしょう。

高くて良い食事は当たり前ですので、手ごろで付加価値の高い食事を提供しているデイサービスをおすすめします。たとえば、気心の知れた同年代の方と近くの席で食べることができて、自分でお茶を淹れることができる場を提供しているデイサービスなどです。

ちなみに、当施設では基本的に朝は350円、昼は650円、夜は700円で食事を提供しています。施設によっては、元シェフだったキャストが食事を作っているところもあります。

延長サービスについては、夕方の延長だけでなく、早朝の延長も可能かどうかを確認しておいたほうがいいでしょう。

ちなみに、当社の場合は1時間250円で、夕方だけでなく早朝の延長も可能です。

宿泊サービスについては、どういう部屋で、どういう寝具で宿泊することになるのかもしっかりと確認しておきたいところです。

冷暖房は完備されているのか、ベッドなのか布団なのか、床はフローリングか畳か、相部屋か一人部屋かなど、よく確認しておきましょう。

特に冬場はフローリングに直接布団を敷いて寝ると、かなり冷え込んで風邪をひいたりすることもありますので注意が必要です。

なお、当社の場合、すべてベッドで、宿泊料金は相部屋の場合1泊1890円～で、1人部屋の場合は1泊5000円～となっています。

advice & focus

⑫ 食事のクオリティをチェック
⑬ 早朝の延長はあるか？
⑭ 宿泊サービスの場合、宿泊場所を確認

3 おばあちゃんが化粧していくデイサービスは良いデイサービス

デイサービスの良し悪しを見極める方法として欠かせないのが、実際に施設の見学に行くことです。

その際、施設の設備などを見ることも重要ですが、それよりも大事なのは、**どういうスタッフがいて、どういう人たちが利用しており、その利用者たちはどのように過ごしているのか**をチェックすることです。

施設については段差のないバリアフリーのほうがいいと思われがちですが、実は意外にそうでもありません。というのは、施設のバリアフリーに慣れてしまうと、自宅に戻ったときに段差に躓《つまず》いて転んでしまうことがあるからです。足を上げなくてもいい安心感が身につき、無意識に足を上げずに転倒してしまうのです。その方の生活は、施設を利用している時間だけではなく、ご自宅に戻られたときや外出先も含めてその方の生活なのです。

老人ホームのような終の棲家の場合は、ずっとそこで生活をするのでバリアフリーのほうがいいと思いますが、デイサービスの場合生活の基本は自宅なので、自宅がバリアフリーになっていない方にとっては、デイサービスもバリアフリーになっていないほうがいいケースもあるのです。

また、どういう人が利用しているのかもチェックしておきたいポイントです。

年齢層はどれくらいなのか、男女の割合はどれくらいなのかといったことに加え、通所を予定しているお父さんやお母さんと気が合いそうな人がいるかどうかも、見学に行った際にスタッフに聞いておくといいでしょう。

さらに、その施設の利用者がどのように過ごされているかも、ぜひ見ておきたいところです。楽しそうに和気あいあいとした感じで過ごされているのか、笑顔があふれているかなど、施設の雰囲気をチェックしましょう。

このほか、女性の利用者がお化粧をしているかどうかもチェックポイントです。

デイサービスに来るのに、わざわざお化粧をしてくるおばあちゃんはあまりいません。しかし、なかには、お出かけ気分でお化粧をしてくるおばあちゃんもいます。女性がわざわざお化粧をして出かけてくるということは、そこに行くのが楽しいからにほかなりません。

実際、当施設のゲストのご家族から、「これまで母はデイサービスに行くのにお化粧をしたことはなかったのですが、最近はお化粧をしていくようになりました。表情も明るくなり、デイサービスに行くのが楽しいみたいです」という声をよく頂戴します。お化粧をしているおばあちゃんが多いデイサービスは、良いデイサービスと言えるでしょう。

advice & focus

【施設の見学】

⑮ どういうスタッフがいて、どういう人たちが利用し、どのように過ごしているのか

⑯ デイサービスがバリアフリーになっていないほうがいい場合もある

⑰ 女性の利用者がお化粧をしているかどうか

4 良い施設かどうかは、スタッフが親を通わせたいかでわかる

キャストの中には、ご両親が要介護認定を受けている人もいます。また、まだ要介護状態ではないものの、年齢的にはかなり高齢のご両親がいる人も在籍しています。

このようなキャストたちが自分のご両親を自分が働いているデイサービスに通わせたいと思っているか、あるいはすでに通わせているかも大きなチェックポイントです。

自分が働いているデイサービスを好ましく思っていないキャストは、自分の両親を通わせたいとは思いません。

しかし、自分が働いているデイサービスを自信をもって良いと評価しているキャストは、自分の親がケアを必要とするようになったら通わせたいと思っていますし、実際に通わせている人もいます。

これは見学しただけではわかりませんので、そこで働いているキャストに声をかけて直接聞いてみるといいでしょう。

advice & focus

⑱ スタッフが自分が働くデイサービスに親を通わせたいと思っているか

5 デイサービス選びの第一歩は利用目的を明確にすること

デイサービス選びで失敗しないためのポイントはいくつかありますが、一番大事なことは、**利用目的に合ったデイサービスを探すこと**です。

前述しましたが、ひと口にデイサービスといっても、

- 日中だけ預かってくれるデイサービス
- 宿泊もできるデイサービス
- マシンを使った機能回復に特化したデイサービス
- 入浴だけのデイサービス

など、いくつも種類があります。

したがって、まずはどのような目的でデイサービスを利用したいのかを明確にすることが、デイサービス選びの第一歩なのです。

目的が決まったら、次はその目的に合ったデイサービスの中から、良さそうな施設、利用者に合いそうな施設を探すことになります。

ある程度の情報は、ケアマネージャーに聞いたり、デイサービスのホームページを見ればわかりますが、実際に施設を見学してみないと施設の雰囲気はわかりません。

さらにいえば、少し見学しただけでは、時間帯別の過ごし方を把握できるものではありません。

では、どうすればいいのでしょうか?

それは、**体験通所**[*11]**してみること**です。

多くのデイサービスでは、正式に契約する前に、体験通所を実施しています。

実際に体験通所を申し込んで利用してみれば、そのデイサービスのサービス内容やスタッフの対応、ほかの利用者との相性などがわかりますので、その上で判断するようにしましょう。

できれば、いくつかの施設を体験したほうが合う合わないがわかりますので、複数の施設を体験することをおすすめします。時間が選べる場合や短時間の場合は、午前中の体験をおすすめします。午前中は施設の管理者が忙しいことが多く、実際に現場でケアにあたっているスタッフが対応してくれることがあります。そこで、そのスタッフに「あなたの夢や目標は何ですか？」と聞くとその施設のチームワークの良し悪しや方針が分かります。

advice & focus

⑲ 利用目的に合ったデイサービスを探すこと
⑳ 見学だけではわからないため、体験通所を利用してみる
㉑ できれば、複数の施設の体験通所を利用する

＊11 **体験通所**——送迎を含め、デイサービスの食事や入浴、レクリエーションなどを1日～数日間実際に試しに体験することです。通常は無料（食費を除く）。

6 デイサービス選びで失敗しない20のチェックポイント

本章の最後に、デイサービス選びで失敗しないためのポイントをまとめておきます。チェックリストとしてお使いください。

①利用目的に合った施設か？

まずは利用目的に合った施設を探すことが大事です。利用目的がはっきりしない場合は、後からデイサービスを変えることも可能です。また、２カ所以上のデイサービスに通っている方もいます。

②ホームページはあるか？

ホームページを見れば、その施設の概要がある程度わかりますので、ぜひチェックしておきましょう。

③経営者や施設長の考え方（ケア方針）は書かれているか？

経営者や施設長がどのような考えで施設を運営しているのかを知っておくことはとても重要です。なぜなら、経営者や施設長の考え方が現場にも現れるからです。ホームページやブログ、インスタグラム、フェイスブック、ツイッターなどのＳＮＳを確認しましょう。

④利用料金はいくらか？

ホームページがあれば、利用料金が記載されていると思いますので、事前にチェックしておきましょう。特に、介護保険対象外のオプションサービスの料金がいくらなのかはよくチェックしておきたいところです。

⑤利用者の自立支援に積極的に取り組んでいるか？

デイサービスの目的は利用者の自立支援ですので、自立支援を意識したサービスを行っていることが大切です。スタッフが先回りして何でもやってくれるところは一見すると良いように思えますが、利用者の自立の機会を奪っているケースもありますので注意が必要です。

⑥延長サービスはあるか？

急な用事や残業しなければならない場合など、いざというときに延長がないと困ってしまいますので、延長の有無は要チェックです。

⑦早朝の延長もやってくれるか？

夕方の延長だけでなく、早朝の延長も可能かどうかを確認しておきましょう。

⑧宿泊サービスはあるか？

宿泊サービスもあったほうが便利です。本当は老人ホームに入れたいけれど、空きがないので、お泊りデイサービスを利用しているという方もいます。

⑨機能訓練室や宿泊部屋の環境はどうか？

冷暖房設備のほか、床が畳なのかフローリングなのか、床暖房を入れているか（エアコンは冬場に乾燥して感染症になりやすい）、湿度50％以上か、空気清浄機や加湿器の有無と台数など。寝具はベッドなのか布団なのかもチェックしておきましょう。

⑩食事は手作りか?

利用者にとって食事は大切な楽しみの一つですので、どのような食事が出るのか、誰が作っているのかもチェックしておきたいところです。なかにはコンビニで購入した弁当を出しているところもありますので注意が必要です。

⑪食事は美味しいか?

食事が手作りだとしても、まずければ「お腹いっぱいです」と食べないで帰ってきます。そして、デイサービスに行かない理由の一つになるのです。ですので、食事の味も要チェックといえます。年寄りばかりで行きたくないという利用者が、食事が楽しみで通っている場合もいます。

⑫入浴は同性介助か?

利用者の中には、異性に裸を見られることに抵抗がある人もいますので、本人に聞いて

第9章

そのようであれば、同性介助の施設を選んだほうがいいでしょう。

⑬スタッフの服装や身だしなみ、人柄はどうか？

デイサービスの中には制服があるところもあれば、制服がなく自由な服装のところもあります。制服がない施設では、よれよれのTシャツにジーンズの若者がいたりします。また、スタッフの中に、金髪にピアスの若者がいるところもあります。

実際に通所するとなると、そのスタッフにお世話になることになりますので、見学時や体験時にスタッフの対応に納得できるかどうか、相性を含めてチェックしておきたいところです。

⑭利用者を「ちゃん」付けで呼んでいないか？

スタッフの中にはフレンドリーさを履き違えて、利用者のことを「ちゃん」付けで呼ぶ人がいます。「ちゃん」付けで呼ばれることに抵抗のある人は、見学時などにチェックしておきましょう。

⑮ 時間を優先しすぎていないか?

デイサービスの中には、食事の時間や入浴の時間が決まっていて、その時間内に終わるように、スタッフが食事を食べさせたり、身体を洗ってあげたりするところがあります。しかし、それでは利用者の自立の妨げになることもありますので注意が必要です。

⑯ 利用者に役割を与えてくれるか?(利用者の生きがいがあるか?)

人はいくつになっても、人の役に立っているという実感があると、やりがいや生きがいを感じるものです。ですので、お皿を拭いたり、洗濯ものを畳んだり、掃除機をかけたりといった役割を、利用者に任せてくれるかどうかもチェックしておきましょう。

⑰ レクリエーションは幼稚すぎないか?

レクリエーションが幼稚すぎて、利用者がスタッフのためにイヤイヤやっているところもありますので、レクリエーションのメニューはチェックしておきたいところです。

⑱ レクリエーションのレパートリーは豊富か？

施設によっては同じようなレクリエーションを繰り返し行っているところもありますので、レパートリーの数や、新たなメニューを開発しているのかもチェックしておきましょう。

⑲ レクリエーションに参加しない自由はあるか？

やりたくないレクリエーションに無理やり参加させられることほど、利用者にとって苦痛なことはありません。ですので、レクリエーションは強制参加なのか、参加しない選択はあるのかを事前に確認しておきましょう。

⑳ 家族との連絡帳は充実しているか？

大切なご家族をデイサービスに預けている間、何をして、どのように過ごしているのかは気になるところです。そのため、ほとんどのデイサービスには連絡帳があるのですが、その内容は施設によってさまざまです。数行程度のところもあれば、写真入りでA４用紙にまとめたものを提出してくれるところもありますので、連絡帳もチェックポイントの一つといえます。

以上が、デイサービス選びで失敗しないための20のチェックポイントです。

今後、ホームページで調べたり、施設見学に行ったり、体験通所したりするときは、ぜひこのチェックポイントリスト（188ページ参照）でチェックしてみてください。

❖デイサービスを選ぶ際のチェックポイント20

□	①利用目的に合った施設か?
□	②ホームページはあるか?
□	③経営者や施設長の考え方（ケア方針）は書かれているか?
□	④利用料金はいくらか?
□	⑤利用者の自立支援に積極的に取り組んでいるか?
□	⑥延長サービスはあるか?
□	⑦早朝の延長もやってくれるか?
□	⑧宿泊サービスはあるか?
□	⑨機能訓練室や宿泊部屋の環境はどうか?
□	⑩食事は手作りか?

□	⑪食事は美味しいか？
□	⑫入浴は同性介助か？
□	⑬スタッフの服装や身だしなみ、人柄はどうか？
□	⑭利用者を「ちゃん」付けで呼んでいないか？
□	⑮時間を優先しすぎていないか？
□	⑯利用者に役割を与えてくれるか？（利用者の生きがいがあるか？）
□	⑰レクリエーションは幼稚すぎないか？
□	⑱レクリエーションのレパートリーは豊富か？
□	⑲レクリエーションに参加しない自由はあるか？
□	⑳家族との連絡帳は充実しているか？

第10章

ケアの新3Kは「感謝」「感動」「感激」だった！

ケアの現場から届いた6つのエピソード

1 ケア業界の新3Kとは？

ケア業界はよく「３Ｋ」の業界だといわれます。

３Ｋとは「きつい」「汚い」「危険」の頭文字をとったもので、このイメージが人手不足の原因の一つとなっているのです。

確かに、そのような側面がまったくないといえば嘘になります。

しかし、私は同じ３Ｋでも、**「感謝」「感動」「感激」**の３Ｋであふれているのがケア業界だと思っています。

これが私の考えるケアの「新３Ｋ」で、私は本気でそのような文化を根付かせたいと思っています。

では、感謝、感動、感激とは具体的にどういうことなのでしょうか？

まず感謝ですが、すでに述べましたが、この業界は本当に「ありがとう」であふれています。

それは、ゲストの方からキャストへの「ありがとう」、ゲストのご家族からキャストへの「ありがとう」だけではありません。

キャストがゲストの方からいろいろ教えてもらったり、ゲストの方に掃除や食器拭きを手伝ってもらったりしたときに、キャストがゲストの方に言う「ありがとう」もたくさんあるのです。

感動もたくさんあります。

たとえば、これまでゲストの方がやりたいけれどできなかったことができるようになった瞬間は、心の底から感動します。

ゲストの方の回復を信じて、一緒にがんばってきてよかったなと思います。

また、感激することが多いのもケア業界の特徴です。

ゲストのご家族から感謝の手紙をいただいたり、ゲストが亡くなられた後もご家族が施設に立ち寄ってくださったりすると、本当に感激します。なかには、感激のあまり泣き出してしまうキャストもいるほどです。

このように、ケアの現場には「感謝」「感動」「感激」があふれています。次に、そのことを示す具体的なエピソードをいくつかご紹介しましょう。

2 毎朝、花に声をかけていたおばあちゃんの意外な特技

上田洋子さん（91歳／仮名）は当施設に来ると、毎回決まって玄関に飾ってある花に「おはよう」と声をかけていました。

春は梅の花、夏はひまわり、秋はコスモス、冬はシクラメンなど、施設では季節ごとにいろいろな花を飾っています。

キャストの美香さん（29歳）が、「上田さんは花が好きなんだなあ」と思い、「花もありがとうって言ってますよ」と、上田さんに声をかけると、彼女はしわくちゃの顔をますますくしゃくしゃにしてうれしそうに笑います。

その日、面会にやってきた上田さんの娘さんに、「お母様はお花がお好きなんですね」と話しかけると、還暦を超えた娘さんはこう言いました。

「母は昔、趣味で押し花をやっていて、作品もたくさんあったんですよ」

翌日、美香さんは上田さんに提案しました。

「上田さん、押し花をやってみませんか？」

施設の玄関前のプランターには、ビオラやパンジーなど数種類の花が咲いていています。美香さんが花びらを何枚かとってきて上田さんに差し出しましたが、彼女は浮かない表情です。

「どうしたのですか？　昔、押し花をやられていたんでしょ？」

すると、上田さんは悲しそうに言いました。

「家には、もう道具も額も何もないの……」

そこで、美香さんは言いました。

「そうなんですね。じゃあ、ここにある道具でやってみましょうよ。なんとかなりますよ」

すると、「うん、やりたい！」と、上田さんの顔がパッと輝きました。

2人は一緒にプランターから花を摘み、それをきれいにキッチンペーパーに包みました。そして、古くなった分厚い電話帳に挟み、その上から水の入ったペットボトルを何本か置いて重しにしたのです。

一週間後、重しをとると、キッチンペーパーに包んだ花は色鮮やかな押し花になっていました。

あとはこれを並べ替えて、台紙にきれいに貼っていくだけです。

施設にピンセットがなかったため竹串で代用し、上田さんはその竹串で押し花を丁寧に動かし、一枚一枚、台紙に貼っていきました。

すると、カラフルな押し花の作品が出来上がったのです。

上田さんの作った作品第一号は、美香さんにプレゼントされました。

美香さんはとても感激し、その作品を家に持ち帰って、額に入れて、自分の部屋に大切に飾っているそうです。

それからも上田さんは、毎日、玄関に飾ってある花に「おはよう」と声をかけています。

そして、上田さんの創る作品は多くのゲストから「私にも作ってちょうだい」と引っ張りだこになりました。

上田さんは満面の笑み。生きがいを見つけたようで、「忙しい」と言いながらも、毎日楽しそうに押し花を作っておられます。

施設内の部屋は上田さんの作った押し花によって、まさに花が咲いたようです。

今、その施設では押し花と一緒にどんどん多くの笑顔が広がっています。

3 認知症のおばあちゃんが作っただし巻き玉子に号泣した娘さん

長山トキさん（91歳／仮名）は若いころから料理が得意でした。

なかでも、娘さんの大好物はだし巻き玉子で、お母さんから「今日は何が食べたい？」と聞かれるたびに、「だし巻き玉子」と答えていたそうです。

しかし、長山さんが認知症になって以来、娘さんはお母さんに料理をさせないようにしていました。

本当はお母さんに大好きな料理をさせてあげたいけれど、どうしたらいいのかわからず悩んでいたのです。

娘さんからこの話を聞いたキャストの敦司さん（42歳）は、長山さんにだし巻き玉子を作ってもらおうと思いました。

「長山さん、だし巻き玉子の作り方を教えてもらえませんか？」

「もうずいぶん長いこと作っていないから、うまく作れるかしら？」と言いながらも、長山さんは少しうれしそうでした。

幸い長山さんの認知症はまだらな状態だったので、できないこともありましたが、できることもありました。

ですから、できるところは長山さんにやってもらい、できないところは敦司さんがフォローするかたちで、だし巻き玉子づくりに挑戦することにしたのです。

敦司さんはだし巻き玉子づくりに必要な、考えられる材料すべてと道具をテーブルの上に並べ、長山さんが料理をしやすいようにしました。

楽しそうに料理をする長山さん。

それを見守る敦司さん。

長山さんは手際よく卵をかき混ぜ、フライパンに流し込んで、上手に焼いていきます。

「できました！」

見た目もきれいです。

敦司さんはそのだし巻き玉子をタッパーに詰めました。

そして、楽しそうに料理をしている長山さんの姿を撮影した写真と一緒に、娘さんに届けたのです。

その日の夜、娘さんから電話がかかってきました。受話器の向こうの娘さんは泣いているようでした。

「母は……、母は……、料理ができたのですね。だし巻き玉子……、昔のまま甘口でした。あっ、ありがとうございました」

「良かったです。長山さんは楽しそうにお料理されていましたよ」

「写真、見ました。こ、こんなに生き生きした母の姿を見たのは……、久しぶりです。本当にありがとうございました！」

「長山さんは、まだまだいろいろなことができる方ですよ」

長山さんが家で掃除機をかけている写真が娘さんからメールで送られてきたのは、それからしばらくしてのことでした。

4 デイサービスに行くのを嫌がるおじいちゃんを変えたキャストの機転

中島吾郎さん（97歳／仮名）が当施設に通い始めたころ、「俺はデイサービスなんか行かない！」が口癖でした。

朝、中島さんを迎えに行くたびに、娘さんとキャストの正博さん（37歳）はいつも苦労していたのです。

中島さんはガンで余命宣告を受けており、認知症も発症していました。食も細く、施設の食事はほとんど食べない状態でした。

それでも、娘さんからは「なんとか父に食事を食べさせてほしい」とお願いされていました。

しかし、中島さんは「こんなまずいものが食えるか！」と強がりを言って、ほとんど食事を口にしてくれなかったのです。

中島さんはデイサービスにいる間は終始仏頂面で、レクリエーションに参加することもありませんでした。

それでも正博さんは諦めませんでした。

「なんとか食事だけでも食べてほしい……」

そこで、正博さんが思いついたのが、中島さんの上司を演じてみようということでした。

なぜなら、中島さんはいつも背広を着てデイサービスに来ていたので、もしかしたら会社に出勤している気になっているのではないかと思ったからです。

娘さんに確認してみると、中島さんは長年サラリーマンをされていて、仕事帰りに上司や同僚たちとよく赤ちょうちんで飲んだり、屋台でラーメンを食べたりしていたとのことでした。

「中島君はいくつになったの？」と、正博さんが上司のふりをして尋ねると、中島さんは「はい、47歳になりました」と答えました。

つまり、中島さんの心は、現役バリバリのサラリーマン時代に戻っていたのです。

そこで、正博さんは中島さんに、「中島君、帰りに屋台のラーメンでも食べて帰らないか？」と聞いてみました。

すると、中島さんは「いいですね〜。お供します」と乗ってきたのです。

早速、正博さんはラーメンを作り、屋台のラーメン屋の雰囲気を出すために、施設内にあるカウンターに中島さんを座らせ、ラーメンを出しました。

するど、中島さんは「うまい、うまい！」と言いながら、笑顔で全部食べてくれたのです。

当施設に通い始めてから、初めて見た中島さんの笑顔でした。

正博さんは、その様子を写真に撮って、娘さんにメールで送ったところ、娘さんから次のようなメールが返ってきました。

「ありがとうございます。父のこんなに楽しそうな笑顔を見たのは久しぶりです。本当にありがとうございました！」

中島さんがガンで亡くなられたのは、それから半年後のことでした。

5 「もういつ死んでもいい」と言うおばあちゃんを変えたキャストの一言

田中芳江さん（86歳／仮名）が自宅で脳梗塞で倒れたのは、今から約1年前のことでした。

幸い、同居している息子さんのお嫁さんの発見が早かったため、一命をとりとめることができました。

しかし、下半身に麻痺が残ってしまい、車イスの生活になってしまったのです。

「息子のお嫁さんに迷惑をかけたくないのよ」

このように話す田中さんに、キャストの孝史さん（35歳）が次のように聞き返しました。

「何がいちばんつらいですか？」

「夜中にトイレに行くときね。トイレまで一人で行けないから、お嫁さんに付き添ってもらわなければいけないの。だから、せめてトイレまで一人で歩いていけるようになりたいのよ」

孝史さんは「がんばりましょう！」と田中さんを励ましながら、田中さんの自宅の環境を見に行ってみる必要があると感じていました。

そこで、田中さんを送っていった際、孝史さんは田中さんの自宅におじゃまし、ベッドからトイレまでの動線がどうなっているのかを確認することにしたのです。

孝史さんは、田中さんが寝ているベッドの高さや手すりの位置、歩行器の置き場所、家具の位置、寝室からトイレまでの動線などをつぶさにチェックしました。

そして、まずはベッドから降りて立ち上がる練習から始めたのです。

具体的には、ベッドから降りて立ち上がるときにベッドの手すりのどこを持つのが一番いいのか？　このとき、歩行器はどの位置にあると、スムーズに立ち上がれるのか？　ベッドからトイレまでの間の家具の配置をどうすればいいのか？

孝史さんはこのようなことを一つひとつチェックしながら、田中さんが一人でトイレまで行けるようにサポートしていったのです。


また、田中さんが滑って転ばないようにお嫁さんが気を利かせて、足の裏に滑り止めのゴムがついた靴下を用意してくれていたのですが、もともと田中さんは家ではスリッパを履く習慣があったので、その靴下をやめてスリッパに戻してもらいました。

こうして田中さんは家でも地道に歩く練習を繰り返し、少しずつでしたが、歩行器を使えば一人でトイレまで行けるようになりつつあったのです。

そんなある日のこと。田中さんにとって、屈辱的な出来事が起こってしまったのです。

それは、失禁でした。

田中さんは恥ずかしくて、その後始末をお嫁さんに頼むことができませんでした。

もちろん、実の息子さんに頼むことも恥ずかしかったのですが、田中さんは息子さんにお願いしたそうです。

その翌日、施設にやってきた田中さんは孝史さんにこう言いました。

「私、オムツにしようと思ってるの？」

「どうしてですか？　これまでリハビリパンツでがんばってきたじゃないですか？」

「昨日、粗相をしちゃってね。息子に後始末をしてもらったのよ。でも、もうこれ以上、息子夫婦に迷惑をかけたくないので、オムツにすれば粗相をしても朝まで替える必要はないし、朝、介護職員さんにオムツ交換をしてもらえば済むから……」

これを聞いた孝史さんは、こう言いました。

「田中さん、お気持ちはわかりますが、オムツにしたらどんどん弱っていくだけですよ」

「でも、もういつ死んでもいいのよ。それよりも息子に迷惑をかけたくないの」

「田中さんが長生きしてくれたほうが息子さんは喜びますよ。息子さんももっともっと親孝行をしたいと思っているはずですので、息子さんから親孝行の機会を奪わないでください」

孝史さんのこの前向きな言葉に、田中さんは何かを感じたようで、パッと笑顔になり、こう言ったのです。

「そうね、長生きしなきゃね。がんばってみるわ！」

田中さんは、今も歩く練習を続けています。

6 自分でデイサービスに着ていく服を選ぶようになったおばあちゃん

宮崎トメさん（96歳／仮名）が当施設に通って来られるようになったのは、認知症の症状が悪化し、徘徊が始まったことがきっかけでした。

それまでは、同居している長男のお嫁さんが一人で宮崎さんのお世話をしていました。ご主人の母親の面倒は、専業主婦である長男のお嫁さんがみるのが当然だという価値観が、ご主人にもご主人の兄弟たちにもあったからです。

ただし、徘徊が始まるようになって、お嫁さん一人の手に負えなくなり、ご主人に相談したところ、お母さんをデイサービスに通わせる許可が出たのです。

宮崎さんが当施設に来られた当初は、自分の意思で来ているというより、お嫁さんに行かされているという感じでした。

当時の宮崎さんは、一日中ぼうっとしていることが多く、誰とも交わろうとしませんでした。

それでもキャストの貴子さん（33歳）は、できるだけ楽しんでもらいたいとの思いから、積極的に宮崎さんと関わるようにしたのです。

「料理をお皿に盛りつけるのを手伝ってもらえませんか？」「洗ったお皿を拭いてもらえると、すごく助かるのですが……」「掃き掃除を手伝ってもらってもいいですか？」などと、宮崎さんが普段やっていた家事をお願いすることにしました。

また、宮崎さんは3人のお子さんを立派に育てられ、お孫さんの面倒をみておられたこともあったので、貴子さんはキャストの子どものお世話を、宮崎さんにお願いしてみることにしたのです。

この作戦は非常に効果がありました。

「ケンちゃん、絵本を読んであげようか？」「ケンちゃん、ご飯の時間ですよ」「ケンちゃん、机の上に登ってはいけません」などなど、積極的に子どもの面倒をみてくれるようになったのです。

しかも、子どもの面倒をみているときは、認知症の症状が出にくいという効果もありました。

たとえば、それまで宮崎さんは食事の際、箸置きを食べようとしたことが何度かあったのですが、子どもの面倒をみているときは、意識がしっかりするのか、そのようなことをしなくなったのです。

宮崎さんは次第に明るくなり、よく笑うようになりました。

そんなある日のこと。いつものように宮崎さんを自宅まで迎えに行くと、宮崎さんが玄関の前に立って送迎車を待っていたのです。

「最近、お母さんがクローバーさんに行くのが楽しみになってきたようで、今日も昨日の夜からソワソワしていていたんですよ」とお嫁さん。

洋服の感じがいつもと違っていたので、「宮崎さん、今日のお洋服、素敵ですね！」と貴子さんが言うと、お嫁さんが少し興奮したような感じで、「そうでしょ！　お母さんがクローバーさんに着ていく洋服を初めて自分で選んだんですよ！」。

それまではお嫁さんが用意した洋服を着ていたのが、自分で洋服を選ぶようになったのだとか。

これは宮崎さんにとって、デイサービスが「無理やり行かされている場所」から、「自分が行きたい場所」に変わったということです。

宮崎さんが自ら進んでデイサービスに行くようになったことで、お嫁さんの心も少し軽くなったようでした。

7 失語症の母のケアをしていた娘さんからかかってきた真夜中の電話

山口春子さん（87歳／仮名）の娘さんから、夜中の12時半ごろにキャストの友樹さん（28歳）の携帯に電話がかかってきたのは、夏が終わろうとしていた8月下旬のことでした。

「こんな夜中に。山口さんに何かあったのだろうか？　もしかして、救急搬送でもされたのか？」

山口さんは認知症を発症して13年が経っていて、その影響で失語症を患っており、言葉がうまく話せない状態でした。

具体的には、ご本人は「お水」と言っているつもりが、言葉は「お茶」になっていたり、何か言いたそうにしているけれども言葉が出てこなかったりすることが度々あったのです。

また、認知症の影響なのか、無表情なことが多く、表情から感情を読み取ることが難しい状況でした。それでも、友樹さんは山口さんを特別扱いすることはせず、できるだけ普通のゲストの方と同じように接するように心がけていました。

もちろん、コミュニケーションがうまくいかず、もどかしさを感じるときもありましたが、ほかのゲストの方と同じように接し、同じように言葉をかけていたのです。そして、山口さんが何を言いたがっているのかを、できるだけ感じ取ろうと努力していました。

友樹さんのこのような普通の人と変わらない接し方が功を奏したのか、山口さんの認知症および失語症の症状はそれ以上進行することはありませんでした。

そんな状況の中での冒頭の真夜中の電話だったのです。

「もしもし、どうされたのですか？　山口さんに何かあったのですか？」と心配そうに聞く友樹さんに対し、娘さんは少し興奮したような声で次のように言ったのです。

「隣で寝ていた母が……、母が……、私に言ってくれたんです！『いつもありがとね』

って」

失語症になってから、山口さんの口から「ありがとう」という言葉が出てくることはまったくありませんでした。

しかし、山口さんの心の中には、毎日毎日お世話をしてくれる娘さんに対する感謝の気持ちはずっとあったのでしょう。

それが、この日のこの瞬間だけは、気持ちと言葉が一致したようでした。

「私もう、本当にうれしくて、うれしくて……」と涙交じりに話す娘さんの言葉に、友樹さんはもらい泣きしながら、「ほっ、本当に良かったですぅ〜。良かった……」と答えたそうです。

それから約1年半後に山口さんは亡くなられたのですが、その後しばらくして娘さんが施設に来てくださり、深々と頭を下げながら友樹さんにこう言ってくださったのです。

「最後まで母に人として当たり前の生活を送らせてくださって、本当にありがとうございました。母も幸せだったと思います」

この言葉を聞いた瞬間、友樹さんの目から大粒の涙がこぼれたのでした。

あとがき

最後までお読みいただき、ありがとうございました。

デイサービスの実情をいろいろとお話ししてきましたが、ご理解いただけましたでしょうか。

繰り返しになりますが、相性のよくないデイサービスを選んでしまうと、第三の人生が楽しくなくなってしまいます。デイサービス選びはくれぐれも慎重に行っていただきたいと思います。

私たちはケア事業を通して、ゲストの方々とそのご家族、そして施設で働く従業員たちの「幸せ」を追求し続けていきたいと考えています。

ところが、ご家族の中には、ご両親をデイサービスに通わせることに対して罪悪感を感じている方々が少なからずいらっしゃいます。

その理由は、ご両親が行きたくないのに、自分たちの都合で通わせているのではないかと感じていることにあると思います。

たしかに、相性のよくない施設を選んでしまうと、「行きたくない」という状態に陥ってしまうのは事実です。そうなると、ご本人にとっても、ご家族にとっても不幸です。

したがって、私たちは「ゲストの方が自ら進んで『行きたい！』と思えるような施設にするには、どうすればいいか？」を常に考えています。

ゲストが自ら行きたいと思うようになれば、当然ご本人にとっては幸せなことですし、ご家族にとっても「無理やり行かせている」という罪悪感を感じる必要はなくなるでしょう。

ゲストが自ら行きたいと思えるような施設にするためには、そこで働くキャストたちが幸せでなくてはなりません。そこで働くキャストが幸せだと感じてこそ、良いサービスが提供できるからです。そのためにも、私はキャストたちが働きやすい環境や待遇を整備していきたいと考えています。

香丸俊幸

Special Thanks

高野　佑介	福澤　泰良	今村　智寿	門　肇	星川　隆文
安井　優子	陶山　裕史	五十嵐　歩惟	丸山　紀州	佐藤　友春
小原　朱美	杉田　令子	高木　美穂	扇　貴之	片倉　章
細井　久男	土屋　佳代子	武田　萌	赤坂　恵	廣田　徹
福田　稔久	丹羽　太郎	古川　一夫	田辺　雄一	中野　歩
塩野谷　高司	大塚　沙歩	境野　真一	島崎　羽留美	松川　杏采
山川　未乃梨	田岡　由美子	NGUYEN　THI DUYEN	牧野　いつき	大村　朋之
梶村　昭夫	高野　勇輝	鳥居　萌	畑　未来恵	小川　祐妃
富川　舞子	関根　康介	岩本　明子	塚本　有紀	小嶋　亜希子
鴇田　麻衣	小林　奈津美	池野　雅洋	NGUYEN　TUAN ANH	佐藤　雅子
村尾　憲昭	伊藤　友伽	柳生　葵	矢島　博子	長澤　奈々
清水　泰地	大塚　かえで	鈴木　至翔	谷村　七海	松原　優奈
菅野　裕海	樋上　智史	野口　康代	野口　毅	片山　彰乃
佐藤　健太	竹内　良佑	佐々木　由香里	市橋　紗矢佳	高井　紀乃
大和　みき	野原　正浩	山田　勉也	宮地　彩花	橋口　寿美子
鈴木　夏海	野村　由美	十文字　晃	大坂　成生	坂寄　望
赤坂　駿	鈴木　悦子	小島　樹理	佐藤　孝祐	伊与部　あおい
家元　恒慈	中川　智代	川島　美緒	德地　里奈	森田　純基
栗原　樹里	前田　和裕	影山　真帆	中嶋　春菜	淀谷　早津紀
永井　結芽	代田　華廉	今村　直人	槇野　貴子	佐々木　智美
永井　ゆき	山本　航平	中山　絵理香	堤　芽久美	永野　秀美
小山　奈緒	江川　秀生	野口　潔		

（敬称略、順不同）

● 著者プロフィール

香丸俊幸（こうまる　としゆき）

クローバーグループ代表

1972年、東京都生まれ。株式会社セブン－イレブン・ジャパン、株式会社ベンチャー・リンクを経て、経営コンサルタントとして独立。IT企業や外食企業の役員などを歴任し、2010年に株式会社CLOVERを創業。2011年にデイサービス「クローバー千駄ヶ谷」（現在は麻布十番に移転）をオープンしたのを皮切りに、神楽坂、代々木上原、広尾、四谷（現在は新宿に移転）、参宮橋、本八幡、学芸大学、成城学園に次々とデイサービスをオープン。「休日に自宅やカフェでくつろいでいる」ような新しいデイサービスを目指し、高齢者の自立支援に積極的に取り組んでいる。また、2019年には学芸大学に都内初の共生型デイサービスを開設。「人が幸せになるコミュニティづくり」をコンセプトに、地域密着型のデイサービスや発達障害児のための放課後等デイサービス、障害者シェアハウス、幼児教室、飲食店、システム開発、経営コンサルティング等の経営を行っている。

株式会社CLOVERのホームページ
https://day-clover.com/

企画協力　株式会社天才工場　吉田　浩
編集協力　堀内伸浩　石野みどり　吉田孝之
組　版　GALLAP
装　幀　金井久幸（TwoThree）

申し込みの絶えない施設経営者だから知っている
利用者が元気になるデイサービス

2021年8月30日　第1刷発行

著　者　香丸俊幸
発行者　松本　威
発　行　合同フォレスト株式会社
郵便番号 184-0001
東京都小金井市関野町 1-6-10
電話 042（401）2939　FAX 042（401）2931
振替 00170-4-324578
ホームページ　https://www.godo-forest.co.jp
発　売　合同出版株式会社
郵便番号 184-0001
東京都小金井市関野町 1-6-10
電話 042（401）2930　FAX 042（401）2931
印刷・製本　株式会社シナノ

ISBN 978-4-7726-6190-4　NDC 336　188×130

合同フォレスト
ホームページ

合同フォレストSNS
facebook　Instagram　Twitter　YouTube